教師の学び方

国士舘大学教授・前文科省視学官
澤井陽介

子供の
実態から
学ぶ

授業の
本質から
学ぶ

研究を通して
学びを
深める

東洋館出版社

はじめに

新しい学習指導要領が告示されて2年経ち、移行措置2年目を迎えるいま、全国の学校で講演していて感じることがあります。それは、授業のいったい「何を」改善すればよいのか（課題）、「どのように」改善すればよいのか（方法）を考えるとき、いま改めて教師としての「学び方」を再考してみる時期にきているのではないか、ということです。「資質・能力」「カリキュラム・マネジメント」「見方・考え方」など、今回の学習指導要領にはさまざまなエッセンスが散りばめられていますが、それらを結びつけるコアが授業改善です。これは、教師個人が自らの研鑽によって実現しようとする改善にとどまりません。

教室を超え、学年として、学校として、あるいは地域の小・中学校が連携して実現していく、すなわち教師集団がチームとなって「授業観」を形成し、共有し、そこに向かって改善していく営みとしての位置づけをも含みます。この位置づけは、〝校内における授業研究をいかに効率よく充実させるか〟と背中合わせです。

こうした思いを強くしたのは、次のことがきっかけでした。

一昨年の夏、『授業の見方―主体的・対話的で深い学びの授業改善』という本を上梓するやいなや、小学校はもとより中学校の先生方からも多くの反響がありました。1日限りの講演依頼であったり、指定研究のための講師依頼であったり、依頼内容はさまざまですが、私にとっては驚きを禁じ得ないことでした。

『授業の見方』は、社会科を例にしながらも、どの教科であれ、授業の見方を通して何かしら授業改善のヒントが得られるように努めています。しかし、想定していた読者は、あくまでも小学校の先生方です。まさか中学校の先生方から、それほどの反響があるとは予期せぬことでした。

特に、管理職の先生方が、何とかしたいと思っている。「残念ながら自分たちの力だけではどうにもならないから来てほしい」というオファーが多かったのです。

昨年の夏、京都大学の石井英真先生が、広島のある小・中学校の授業改善の取組を1冊にまとめたそうですが（石井英真編著『授業改善8つのアクション』平成30年8月、東洋館出版社）、その編集担当者が、次のように話してくれました。

企画を立てるに当たって実際に現地に行き、小学校と中学校の授業を拝見し、その後、小中合同の授業研の様子などを取材してきました。山あいにある本当に小さな学校だったのですが、中学校の先生方が「自分たちは変わらないといけない」という意識を非常に強くもっていたことに驚きました。

授業そのものは、学び合いを標榜しつつも、なかなかそうできずに悩んでいましたが、意欲がある。授業改善を通じて、「教師がいかに上手に知識を教えるか」から「いかに子供自らが知識を獲得するか」そんな授業にシフトさせようとしていたのです。

なぜ、そうまでして中学校の先生方が自らの「授業観」を変えようとしているのか…その動機に強い関心をもちました。

高校入試改革により、これまでの「事実としての知識」中心の受験学力では対応できないという危機意識もあるのでしょうが、それだけで説明がつくものなのか…。

このように、（小学校や高校と同様に）中学校においても、いままさに授業改善という変化のうねりの渦中にあると思います。その熱意が、（たとえ時間はかかろうとも）最もよい形で結実してほしい。そんな願いを込めて本書を上梓することとしました。

＊

本書では、特に重視しているキーワードがあります。

それは、「クエスチョン（問い）」と「プロセス（過程）」です。

特にプロセスにおいては、その重要性を理解してもらうために、何度も形を変えながら、繰り返し章を通じて登場させています。

例示すると、次のとおりです。

【問題解決のプロセス】 本当に子供たちに必要な学習となるのかを決定づける。
【思考のプロセス】 子供の「反応する力」を鍛える。
【見通し―振り返りのプロセス】 次の学習に向かおうとする主体性を育む。
【対話のプロセス】 グループ活動を活性化させる。
【つなぎのプロセス】 子供同士が小さな結論を積み上げられるようにする。
【アンサーへのプロセス】 学習のまとめに辿り着く。
【研究のプロセス】 研究授業にチームで取り組めるようにする。

いずれも共通することは、「学び」です。**「学びが充実する」ということは、「学ぶプロセスが充実する」ということと同義**だからです。そして、そうした学びを充実する鍵を握るのが、プロセスの質を向上させる「クエスチョン（問い）」です。

このことは、子供の学びだけにとどまるものではありません。教師の学びにとってもまったく同じことが言えるのです。こうした見解から、本書では、「子供の実態」「授業の本質」から教師は何をどのように学べばよいのか、そして学んだことをどのようにして深めていけばよいのかについて考えていきたいと思います。

〈目次〉

第1章 子供の実態から「学ぶ」

第2章 授業の本質から「学ぶ」

第3章　研究を通して学びを「深める」

第1章

子供の実態から「学ぶ」

学びの段差、その正体

「中学生になったら、小学校のときとは違う。だから、気を引き締めてがんばりなさい」教師や保護者は、これまで子供たちにそう言い聞かせてきました。自覚を促す励ましの言葉として使われる声かけです。

確かに、中学校では高校受験があるし、子供の発達段階も違うから、こうした声かけに疑問をもつ人はおそらくいないでしょう。それは、小・中学校双方の教師のこんな意識（暗黙の了解）にも表れているように思えます。

「小学校と中学校とではさまざまな差異がある。だから、授業の仕方だって違うはずだ」

私はこうした教師の発言や意識に触れるたび、ふと疑問に思うことがあります。それは、〝多くの人たちが口にするほど、小学校と中学校とは違うのだろうか〟と。

「違う」ことを子供に自覚させることは、暗に「小学校時代をリセットしなさい」と言っていることになりはしないか…私たちは、本来であれば同じであるべきことさえも、違うことのように言い過ぎていたのではないか…そんなふうに感じるのです。

これに対して、授業に相対する子供のほうはどうでしょう。たとえば小学校から中学校にあがったとき、授業に対する子供の意識にどのような変化があるでしょうか。

小学生時代は、隣同士、あるいはグループで対話を重ねながら学習の理解を深めたり、一緒に物語をつくったり新聞をつくったりする授業を経験しています。それが、中学生になった途端、講義型に切り変わります。このことは、教師が考える以上に、子供にとってダイナミックな変化です。

子供の側からすれば、「中学生になったら、急に勉強がむずかしくなるんだ。だから、まずは大人しく（自分から出力するのではなく）、先生の言うことを聞かなくちゃ…」と受け止めるのは自然なことです。

いずれ、一方向のみの受容型の授業に慣れるにつれて、さらに言えば、**「受容型の授業に慣れる」という子供たち自身の順応力の高さによって、（皮肉にも）「自ら発信したり、友達との対話を通して自ら結論をつくる能力を失っていく」このような逆説的な現象が起きてしまっているのだとしたら…**。

それでは、学びが楽しくなるはずがありません。どこまで行っても強《し》いて勉《つと》める勉強のままです。これからの社会を生き抜く汎用的な力であるところの資質・能力の育成を期待することはむずかしいでしょう。

その結果、彼らのなかに次のような思いが生まれてしまったとしても、おかしくはないのです。

「中学校では、小学校よりも勉強がむずかしくなる。講義型になるのはそのためだ。もう小学校のときのような学び方では通用しないんだ」

子供にしてみれば、〝学年や学校段階が上がるにつれて、これまでよりも授業は高度になっていくはずだ〟という先入観があります。確かに、教育内容そのものは、より高度で専門的になります。しかし、**だからといって、**（小・中学校を問わず、**学年や学校段階が上がったからといって）目の前の教師自身の授業力が高度であるとは限らない**のです（だからこそ、小と中、そして中と高と、学校段階を越えて共に学び合う必要があるのです）。

このような教師側の事情を、子供は知りません。だから、授業が教師主導の一方的な教え込みであっても疑問をもつ余地はなく、次第に無力感というか、価値の逆転現象が起きてしまうわけです。そして、このねじれこそ、学びの段差の正体なのではないかと思えるのです。このことは、教師としての自分の授業を振り返る際のポイントのひとつだと思います。

その一方で、（発達段階から考えれば）子供たちは思春期のど真ん中に突入しています。自意識の加速度的な芽生えは、自分の考えを口にすることへの羞恥心や対人関係への過剰な意識を生むのとは裏腹に、自分の感じ考えていることを誰かに伝えたいという欲求も高まっていきます。この後者の欲求を満たせるような授業であれば、（小学生のとき以上に）闊達な対話が生まれていても、本当はおかしくないのです。

しかし、実際にはそうなってはいません。そうである以上、「羞恥心などのほうが、自分の考えを表現したいと思う欲求よりも勝っている」ということなのでしょう。

しかし、この現象は、世界中どの中学生においてもそうなのでしょうか。

日本の子供は対話的な学びが苦手

ＯＥＣＤ生徒の学習到達度調査（ＰＩＳＡ）２０１５によると、「共同作業だと、自分の力が発揮できる」と回答した日本の子供の数は、参加国中最下位だといいます。しかも、日本だけズドンと落ちている。文字どおり、諸外国の子供たちに比べて、日本の多くの子供たちが「共同作業だと自分の力が発揮できない」と思っているのです。「異なる意見について考えるのは楽しい」という質問項目についても同様です（資料１、２）。

こうした調査結果からわかることは、子供たちは「友達やクラスメートと意見が食い違う状況に対して、ネガティブな感情をもっている」ということです。

逆に言えば、諸外国の子供たちは、「一人よりもみんなとの共同作業のほうが自分の力を発揮できる」「自分とは違う意見をもっている友達との対話は楽しい」と感じていることがわかります。

資料１　「共同作業への価値付け」に関する質問項目別の割合

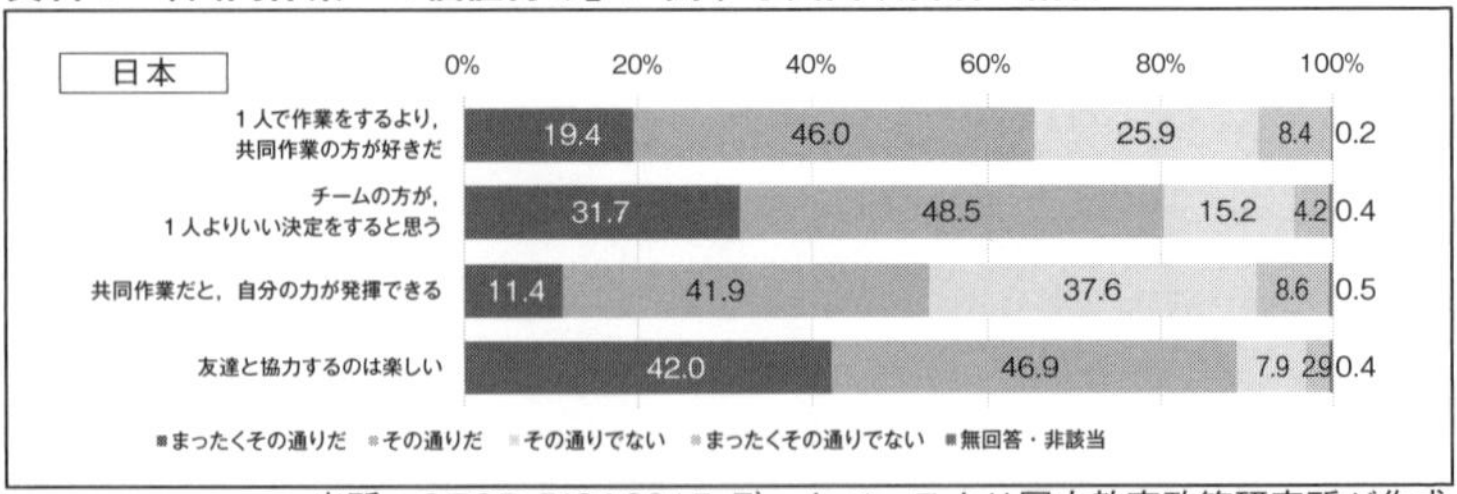

出所：OECD PISA2015 データベースより国立教育政策研究所が作成

資料２　「他者との関係性への価値付け」に関する質問項目別の割合

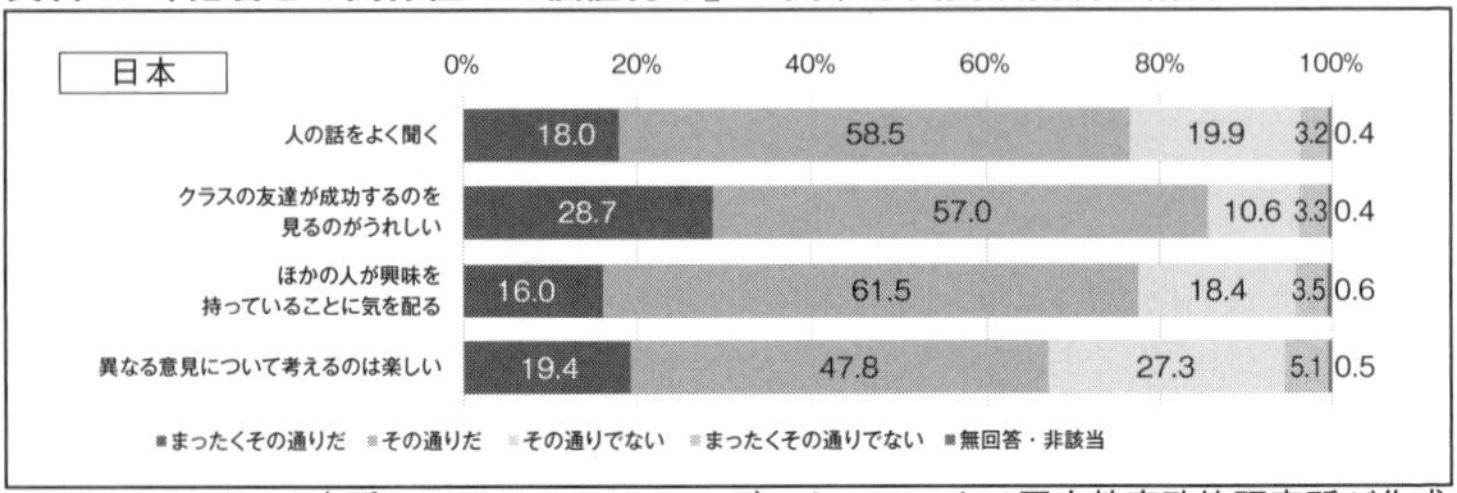

出所：OECD PISA2015 データベースより国立教育政策研究所が作成

このような日本の状況を、子供の問題に帰してはいけないと思います。なぜなら、日本文化の一側面と日本人気質に由来するものだと考えることもできるからです。

「あえて言葉にしない」ことを美徳とする文化が、私たちの国にはあります。古くから言い伝わる金言や流行り言葉を挙げても、「沈黙は金なり」「阿吽の呼吸」「以心伝心」など、枚挙に暇がありません。

他方、「お互いに思うところを言葉にして、納得いくまで対話することが大切」という文化もあります。その由来は古代にまで遡ります。聖徳太子（厩戸皇子）が制定したと言われる十七条憲法の一節「和を以て貴しと為し」がこれに当たります。

この言葉の意味は、「波風立たないよう、みんなの和（仲よくすること）が大切」だととらえている人もいるかと思いますが、本来的な意味は異なります。（諸説ありますが）「和」とは「仲よく」ではなく、「心を和（やわらぎ）にする」という意味だといわれます。

つまり、「頑なで偏ったこだわりをもっていると、人は得てして対立してしまう。だから、心をやわらかくし、お互いに納得いくまで対話するのが大切」だと言っているわけです。このように、日本は「あえて言葉にしない」ことを美徳とする文化と、「納得いくまで対話を重ねる」ことを美徳とする文化の双方をもっているといえます。

一見すると、相矛盾するかのように見えますが、その本質は共通しています。それは、相手意識です。「相手や状況に応じてコミュニケーションの手段を切り換えましょう」ということです。しかし、現実には、次のような負の側面が前面に出てしまいがちです。

相手がどう考えているかは気になるけど、つかず離れずファジーな関係。対話は白黒つけずにグレーゾーン。明確な境界線を引くことを好まない。むしろ、少しくらい混ざり合っていると感じるくらいがちょうどいい（安心できる）。逆に、直接的にものを言うと、「なんだ、あいつは」と思われて、果ては人間関係に亀裂が入る。

このような大人社会の負の側面は、確実に子供たちに伝播します。それが、先述のP

ＩＳＡの調査結果にも表れているのかもしれません。こうしたことを踏まえ、私たち教師がまず知っておくべきことは…

「日本の子供たちは、対話的な学習がそもそも得意ではない」

ということです。

教師の見立てとして「そういう子供たちなんだ」と受け止めることが大切なのではないかと思います。そのうえで、どうすることが効果的なのかを考える。そうでないと、どれだけグループ活動に時間を費やしてもうまくいきません。

もし、自分が書いたワークシートの記述をお互いに読み上げるだけの活動に終始するのであれば、いっそやらないほうがいいくらいです。それだったら、黒板を見ながらみんなで学んだほうがよいのです。

私たち教師は、好んで「子供同士の対話が大切だ」と口にしますが、日本の子供たちの頭の働きが本当に生まれる対話を実現するのは実にむずかしいのです。向かい合えば生まれるものではないし、会話が一往復して終わりでは、子供たち自身の力で結論をつくり出すことができません。

このような意味で、「主体的な学び」「対話的な学び」「深い学び」のなかで一番手強いのが、「対話的な学び」だと私は思います。では、どのような対話なら日本の子供たちに馴染むのか。詳しくは、後述の「日本の子供たちに馴染む対話」で述べます。

ここで、キャサリン・ルイス教授（アメリカのミルズ大学で日本の初等教育を研究）が行った、ある日本の大学での質疑応答を紹介します。

「日本とアメリカでの授業の進め方で何か顕著な違いはありますか?」という参観者の質問に対して、彼女は次のように回答したといいます。

たとえば算数の授業であれば、日本の小学校では、子供同士が対話を通してお互いに学び合いながら解法について考えます。これは日本ならではの先生方の授業研究の成果なのでしょう。それに対して、アメリカの小学校では教師が一方的に解法を教える授業です。

ただ、アメリカの場合、高校、大学と進むにつれて、学生同士のディスカッションを重視した対話型の授業に移行していくのに対して、日本ではどうでしょう。逆に対話型の授業から遠ざかっていきます。この点に私は両国の違いを感じます。

講義型の授業と対話型の授業、そのどちらが正解でどちらが不正解なのか、二項対立的に単純化して決めつけることはできません。重視すべきは、その授業で目標が実現されているか（その結果として「深い学び」が生まれているか）です。そのためには、**子供が自分なりの学び方をもつこと、その学び方が学校段階を越えて継承される**ことだと思うのです。

もし、中学生になっても、小学生時代に鍛えられた学び方を継承する授業を肯定できるならば、中学校における授業研究においても、必然的に子供の姿（学び）そのものが研究対象や検証事項としてフォーカスされることになるでしょう。

子供の耳は、教師の意図とは異なる聞き取りをする

年間500近くもの（複数の教室を次々と見て回る、いわゆる「わたり」も含めてですが）授業を見ていて、感じることがあります。それは子供たちの挙手です。

教師が「何か意見を言える人」と言うと、1、2年生であれば、どれだけ間違えてもくじけずに「はい！」「はーい！」と何度でも手を挙げます。すると、教師はつい〝みんな言える〟と思い込みがちです。

ところが、中学年ぐらいになると様相が少し変わってきます。挙手する子は次第に減り、発言する子が固定的になっていきます。

高学年になるころにはどうでしょう。「何か意見を言える人」という教師の問いかけは、子供の耳には次のように聞こえてくるようになります。

〝みんなの前でも自信がある人〟
〝間違えないで答えられる人〟

さらに、中学生になると…

〝目立ちたい人〟

子供の意欲に安易に寄りかかり続けると、（教師側の問い方は同じはずなのに）発達段階が上がるにつれて、子供の耳は教師の意図と全く異なる聞き取り方をするようになるのです。

こうした子供の意識の裏側には、次のような心情があります。

- 自信に満ちていなければ、手を挙げられない。
- 自分は発言することが期待されていないから、手を挙げてはいけない（Aさんは発言してもいい子、Bくんは発言を求められていない子）。
- 間違えたら恥ずかしいから、手を挙げられない。
- 正解でなければ許されないから、やっぱり手を挙げられない。

●そもそも正解とは、先生がもっているものだ（自分たちで結論をつくれるわけではない）。

もし、「わかっている…意見ももっている…けど、みんなの前で言うほどでもないな」と授業中に感じている子供の意識調査を実施したら、たぶん相当数にのぼるのではないでしょうか。こうした子供たちの内側に籠もってしまったものをどうやって外に出させるか（表現させるか）、学校段階を問わず、私たち教師に課せられた大きな課題だと思います。

子供の学びの意外性

厳密に考えれば「学習課題」というものは、子供一人一人にとって異なるはずです。その子の学習の「段階」「能力」「興味」に応じて、ランダムに生まれるはずのものだからです。だからといって、すべての子供たちの課題に対して個別に応える授業をつくろうとするならば、バラバラな学習になりかねません。そのくびきとなる（つなぎ合わせる）ものが必要となります。それが「基礎・基本」です。

基礎・基本というと、学習のスタート地点のように受け止めている先生は少なくないと思います。しかし、必ずしもそうとは限りません。

もし、基礎・基本を学習のスタートラインだと決めつけてしまうと、「基礎的な知識を全部教えないと次の段階に行けない」などと誤認します。すると、ややもすれば一方的な教え込みとなって、後々使える（応用の利く）知識にはなり得ません。

自分なりに考えて理解したものがまた知識になる（知が更新される）のですから、学習というものは、小さなスパイラルを辿りながら進んでいくものなのです。その一方で、教材研究としては、科学的な順序性・段階性があったほうがおもしろいと思います。

このように、知が更新されるスパイラル構造と、教材の順序性・段階性という考え方の双方をもつことが大切です。どちらに振れすぎてもうまくいきません。このような柔軟性が授業に多様性をもたらします。

実際、授業では詳しく説明できる子が正しいとは限りません。語彙が豊富で、いろいろな言葉を駆使しているように見えてもそうです。むしろ子供らしい言葉で簡潔に発言した子が、実はズバリ結論を言い当てていることもあるのです。

大切なことは、学習の意味を束ねられる箱（多くの場合、問いや課題）を用意しておいて、子供一人一人のいろいろな考えをミックスすることです。そのほうが結論が確かになるだけでなく、子供たちみんなの納得のいく結論になるのです。このようなやりとりが、対話的な学びの充実に寄与します。

もし、教師の系統立てた順序性だけを重視する指導に終始すれば、学びに意外性が生まれません。そして、そういう勉強は、往々にしておもしろくないのです。

ときには、「A→B→C→D」と順序よく授業を展開するほうがよい場合もあります。しかし、「A→D→C→Z」だったり、AからZへ飛び越えたはずなのに、いつの間にかBに戻っていた、こんな意外性が子供たちに学ぶおもしろさをもたらし、次の学びへの意欲につながります。

ある社会科の授業で、「スーパーマーケットでは、なぜたくさんの種類のトマトを売っているのだろう」と発問したところ、ある子供から次のような発言がありました。

「いろいろな好みのお客さんがいるから」

これは、授業者にとって嬉しい発言です。なぜなら、「いろいろなお客さんのことを考えて売っているんだね。ほかにもそういう例があるかな」と、消費者ニーズに応えるさまざまな工夫に目を向かせるきっかけになるからです。授業も、教師の意図どおりに展開していくでしょう。

しかし、次の瞬間、別の子供がいきなりこう発言しました。

「そのほうが儲かるからじゃん！」

確かにそれも真実です。一瞬困った顔を見せた授業者でしたが、すぐに気を取り直し、黒板に、「お店」「お客」と二つの文字を書き、「なぜ、お客さんの好みを考えるとお店が儲かるのかな」と問いかけ、「この間に書くことをみんなで考えてみよう」と学級全体に投げかけました。

すると、子供たちは、「消費する側」と「販売する側」の関係を見事につなぐ発言を重ねていきました。

「お客さんは選びたいんだよ」

「ぼくがお客だったら、いろいろな物があるお店に行くよ」

「お店はお客が買ってくれると儲かる」

「お店はなるべくたくさんのお客に来てもらいたい」

こうした発言に共通することがあります。それは、発言がすべて問いに対するアンサーになっている点です。事前に準備された指導案とは異なる展開を瞬時に思いついた教師のファインプレーですが、このような例を見ても、授業というものは本当に多様なのだと感じます。そして、それらは決して特定の順序性がないと理解できないものではないこともわかります。

子供が理解するということ

教師一人のがんばりによって教えられるのは、三つの資質・能力のうち「知識（及び技能）」だけです。しかし、この知識は従来の受験学力的な「事実としての知識」であり、

「概念としての知識」とは異なります。そのままでは暗記から逃れることはできません。**理解するという能力は、思考が伴わなければ開花しない**からです。

学習のクエスチョンの重要性に気づいていない教師は、自分が想定するアンサーばかり教えたがります。むしろ、自分のアンサー以外は認めようとはしません。すると次第に、「授業は、教師が説明したこと以外は覚えなくていい」そう子供たちは思い込んでしまうでしょう。

もし、教師が想定するアンサーだけを考えるのでよいのなら、教師が黒板にすべて書けば済むことです。それなのに、「わざわざ課題を提示し、グループで話し合い、みんなの発言をつなげる」こんな面倒なことを、なぜしなければならないのか…子供たちに三つの資質・能力をバランスよく育成するためです。**そのために必要なのが、学習プロセスを描くことであり、子供たちの思考を働かせ、正しさも誤りもひっくるめて子供たちの多様な発言をつなぐこと**です。

野球に喩えれば、外角低め・内角高めがあるからストライクゾーンがわかる。授業での発言だって正解のAだけでなく、正解にはほど遠いB、どちらともいえないCといったさまざまな発言があるから、Aの正しさがわかる。

数学の世界などでも次のように言われます。「Aでないことの範囲がわかれば、Aであることの確かさがより明確になる」この考え方の要諦は、誤りや相違があるから曖昧だった考えが明瞭になることにあります。

つまり、**ＡもＢもＣも生まれる授業だから、子供自身がＡという正しさの輪郭を描けるようになる**ということです。学習プロセスを重視するとは、実はこういうことなのです。

これは、単なる授業スタイルの問題ではありません。どのような学習プロセスを辿るかによって、教育行為としての効果がまるっきり別物になるからです。

子供は大人の言葉（指導案の目標に書かれるような各教科等の専門用語）をもっていません。だから、自分が日常使っている子供らしい言葉と、授業で使う資料などの情報をつなぎ合わせながら、少しずつ目標のほうへ這い上がってこようとします。この段階まできて、教師はようやく子供に向かって〝ようこそ○○科の世界へ〟と手を差し伸べることができるようになります。

授業では、すべて新しいことを教師が教えているわけではありません。半分くらいは既に子供たちが知っていること（既習事項）、その知っていることと、教師からの新しい情報を結びつけて知を更新しているというのが現実でしょう。

そうであるから、適切な学習プロセスを経てはじめて、子供たちは「わかった」「納得した」と理解に辿り着くことができるのです。このことが、総合的な単一教科ではなく、複数の教科等に分かれて存在していることの意味です。

子供の主体性の源泉

1　自分の学びへの自覚

「自分がわかったことはこれだ」という自覚、逆に「わからなかったことはこれだ」という自覚、ひいては「自分は成長しているんだ」という自覚、すなわち自分の学びへの自覚こそが主体性の根源です。

単元全体の振り返りには、（深い学びにもかかわってきますが）授業1時間ごとに「見通し－振り返り」が連続することで、主体性が徐々に育まれるというプロセスがあります。この「見通し－振り返り」に欠かせないのが評価の観点です。

各教科等に共通する大くくりの評価の観点は、「知識及び技能」（第1観点）、「思考力、判断力、表現力等」（第2観点）、「主体的に学習に取り組む態度」（第3観点）の3つです。

このうち、とりわけ第1観点については学習対象に関する知識、第2観点であれば学習対象にかかわる思考・判断・表現などと明確です。ところが、第3観点は少々趣が異なります。

社会科を例にすると、「織田信長は、なぜ急速に勢力を拡大できたのだろう」を学習問題とするならば、知識については織田信長にまつわる様々な歴史的事実が該当し、思考・判断については織田信長が急速に勢力を拡大できた背景や理由が該当します。それに対して、「主体的に学習に取り組む態度」は、織田信長についての学習に対して子供自身がどうかかわったかに着眼点があります。つまり、第3観点だけ主語が異なるのです。

第1観点と第2観点であれば、主語はいずれも「織田信長は…」からはじまります。それに対して、第3観点の場合は「自分（私）は…」が主語になるということです。言い換えれば、**「自分の学び」に対する子供自身の振り返りがなければ、教師の行う評価が成立しない**ということなのです。

2　自分が学び取ったことを振り返る

授業を通じて、子供たちは何を振り返ればよいのか。端的に言えば、自分が学び取ったことです。この振り返りにはふたつあります。

ひとつは学習活動の振り返りです。

小学生であれば「今日はこんな（調べる・話し合う・考える）活動をした。○○だと思った」といった表現が一般的だと思います。しかし、これを学習活動ではなく、学習内容の振り返りにしてしまうと、「今日は○○を教わった」などと記述が受け身になります。

学習活動の振り返りは、「きょう話し合ったから、わかったんだ」「きょう実験したから、○○が解明されたんだ」と学習活動の意味を考え、「自分の力で、あるいは自分たちの創意で学習を進めた」という学びに対する手ごたえを与えます。あるいは、「今日はここがわからなかった」「次はこうしてみようとも思う」などと、自分の課題点や改善策（次の学習の方向）を表現したりもします。

2019年1月に中央教育審議会がまとめた「児童生徒の学習評価の在り方について」（論点整理）によると、「主体的に学習に取り組む態度」を育むに当たっては、質の高い「振り返り」がますます求められていることがわかります。その趣旨は**資料3**のとおりです。

これらの方向を踏まえると、振り返りの場面を考えることも大切です。単元中のいったいどの学習活動にフォーカスし、何を振り返らせるのが望ましいのか、それを見極めることです。

教育方法学の見地から研究的に行うのであれば、授業の毎時間ごとに振り返らせるという考え方もあるでしょう。しかし、特別の理由なくすべての授業で行うといった型にはめてしまえば、「また振り返るのか」と子供は嫌になります。

まして、振り返りのために休み時間に食い込めば、思考を促すどころか、むしろ停止します。授業が終われば、すぐにでも教室を飛び出したいのが子供です。

そうならないようにするためにも、振り返りを書きやすい学習活動（実験、交流活動、

資料3　「主体的に学習に取り組む態度」について

①「粘り強い取組を行おうとする側面」
②「自らの学習を調整しようとしている側面」
（自らの学習状況を把握し、学習の進め方について試行錯誤するなど）
の両面を評価する。

- 他の観点との関連性が強いので、単元末や学年末には観点ごとのばらつきが生じないもの。ばらつきが生じる場合には、指導改善を図る。
- 低・中学年では、教師が「めあて」など、分かりやすい言葉で示し、自分なりに様々な工夫を行おうとしているか、他の児童との対話を通して自らの考えを修正したり、立場を明確にして話をしていたりする点を評価する。
- 自らの理解の状況を振り返ることができるような発問を工夫したり、自らの考えを記述したり、話し合ったりする場面、他者との協働を通して自らの考えを相対化する場面などを工夫することが大切。

中央教育審議会「児童生徒の学習評価の在り方について」（これまでの議論の整理）より

体験活動、討論活動）などを選ぶことが考えられます。

そして、もうひとつ注目したいのが、単元終末の振り返りです。

「私は最初○○だと思ったけど、勉強してみたらぜんぜん違っていた。本当は…」といった、単元の学習内容や学習活動を俯瞰して見つめる振り返りです。

「数時間かけて自分は何を学んできたか」を自覚することは、深い学びに効いてきます。それは、教科等の特質に応じて自分の生活や行動、あるいはこれからの学習やリアルな実社会へとつなぐことに着眼する機会になるからです。

「私は、これから…」「これからの生活では…」「これまで学んだことを次の学習で…」など、学習をスタートした時点よりも視線をぐっと上げる振り返りです。こうした振り返りは、その教科等が育てたい子供像の具現に直接かかわる可能性があります。

たとえば、歴史上の出来事を学ぶ場合であれば、当時の状況を踏まえて考えるという前提があります。そのため、「三人の武将がバトンリレーをして戦国の世を平定したことがわかりました」などと、既定の「歴史の解釈」からはみ出さないようにまとめることが多くなります。しかし、ここでいう「私は…」「これからは…」という振り返りは違います。

実際にこんな記述が見られました。

「今の時代にこそ織田信長みたいな人が必要ではないかと思う。本当に世の中を変えられるのは強いリーダーシップしかない」

「誰がトップになるかによって自分の人生が変わってしまうなんていやだ。現代に生まれてよかった。自分の考えで何が正しいか決断したい」

「だんだんと歴史の勉強がおもしろくなってきた。江戸時代以降はどんな人たちが世の中を動かしたのか調べてみたい」

こうした反応は、単元の学習問題や毎時の問いに対する答えを求めるだけでは、決して生まれません。「自分（私）」を主語とする振り返りをしてこそ現れるものです。そして、これらの（現代社会に向けた、自分の生き方に向けた、生涯学習に向けた）反応こそ、その教科等（ここでは社会科）が真に求めるものかもしれません。

教材にせよ学習活動にせよ、いずれも素材です。その素材を通して、子供に何らかの学力をつけようとしているのです。このように考えれば、どの教科等であっても、「なぜできたのか」「できた自分をどう思うか」を**自分の言葉で振り返ることができたときにはじめて、学習したことの理解が深まり、これからの学習に向けた主体性が養われる**のだと思います。

子供は「問い」で学びを進める

私はよく講演などで「どんな授業でも『問い』が大切です」と話をしています。すると、先生方の何人かが「ん？」と首をかしげます。きっと、彼らの胸中に「当てはまらない教科もあるのでは？」という疑問が浮かぶのだろうと思います。

確かに、体育や図工、外国語活動などで「問い」を意識しながら授業を行っている教師はそう多くないでしょう。しかし、私は思うのです。「たとえ（教科によっては）『問い』という言葉に違和感があっても、**いい授業には（どの教科等においても）学習活動のなかに『問い』が隠れている**」と。ぜひその大切さ、おもしろさを知ってほしいと思います。

たとえば、体育であれば「跳び箱を跳ぼう」、理科であれば「動くおもちゃをつくろう」

といった単元があります。私は、それを「レッツ（活動示唆）型」の学習課題と呼んでいます。活動そのものがメインタームとなる（一見そう見える）課題です。

こうしたタイプの学習活動を充実する仕掛けとして「問い」を活用します。「○○をするには、どうしたらいいだろう」という問いです。すると、これまでであれば「○○できればいい（つくればいい）」だった学習活動が、課題解決（問題解決的な）学習となります。子供たちの頭を働かせられる学習活動に変わるからです。いい授業を行う教師は、このことを感性で知っています。

「跳び箱を跳べるようになろう」「おもちゃをつくろう」といった活動そのものは、学習のベクトルにすぎません。そのまま突き進めば、子供のなかに残るのは「できた」「いや、できなかった」、「おもしろかった」「いや、おもしろくなかった」という印象にとどまります。言い換えれば、「問い」がなければ、その子の「今日ははじめて、跳び箱を4段跳べた！」という事実を、教師が意味づけてあげられないのです。

逆に、もし活動に没頭している子供の心の内に、「どうすれば、もっと高く跳べるだろう」といった問いがあったらどうでしょう。何度も繰り返し跳びながら「もっと勢いよく助走をつければ…」「踏切のバネを利用して…」「手は手前についたほうがいいのかな…」などと思考が活性化します。

実は、教師がどのような考えや意図の下で授業を行っていても（教師が「問い」を設定していなくても）賢明な子供は、「どうやって」という自分なりの「問い」をもって活動しています。その「問い」へのアンサーを求めて（思考を働かせて）自分の体の動きをアレンジしています。そうした子は、（能力のレベルにかかわらず）今日よりも明日、明日よりも明後日と、自らの知（技能を含む）を更新していきます。

他方、「問い」をもたない子供は、（どれだけ能力が高い子であっても）「跳べた」「つくれた」時点で活動が終わってしまいます。それ以上先に行こうとはしません。楽をしようとしているわけではなく、**「問い」がなければ「その先がある」ことをイメージできない**からです。だから、先に行きようがないのです。当然、その子のなかでは「知の更新」は生まれません。

ここに、教師が意図的に「問い」を仕組む必然性があります。賢明な子であれ、そうでない子であれ、運動能力や手先の器用さにかかわらず、どの子も「知の更新」が生まれるように、学習活動の振り返りができる思考のルートをつくるためです。

子供一人一人の現状に応じて、がんばれば（工夫すれば）手の届きそうな課題というものがあります。全く跳べない子もいるわけですから、「まずは1段を跳べるようにしよう」、運動能力の高い子であれば「遠くへ跳べるようにしよう」「安定よく着地ができるようにしよう」といった課題です。それらを見いだし、「Aさんの課題は○○ね」「Bくんの課題は□□かな」と教師が具体の言葉に置き換えてあげるのです。

体育や図工のような、その子の技能があからさまに見えてしまう教科において、「なぜできないんだ」「どうしたらつくれるんだ」という「問い」は、たとえば社会科の授業で「関東地方にどんな特色があるだろう」という学習問題よりも、その子にとってずっと切実です。

教師は評価規準をもっていて、子供の学習内容や活動を教師目線で評価します。子供は「問い」の自問自答で（子供目線で）評価します。「どうしたら跳べるようになるかな」「こうしたら跳べるようになったな」「いや、まだだめだな」「でも、なぜだめなんだ」と、問いと答えの掛け合いで自分の活動を評価するわけです。

そのため、具体的な問いをもたせないと、子供は自分の活動を自分なりに評価することができません。裏を返せば、子供は教師から提示される、自分の身の丈に合った「問い」をずっと待っているのです。

子供が主体的に学ぶというのは、自分なりの問いを指標にして、自分の活動の答えを出す試みだと言い換えることができます。自己評価に近いけれども、その自己評価規準を、子供たちが課題に沿ってもつ。グループ活動であれば、同じ「問い」をもっている子供たちが集まればいい。

このとき、気をつけなければならないことがあります。それは、課題解決の進め方です。多くの先生方は、課題とは「次の段階に進むためのステップ」だととらえかねないのです。ややもすると、「ステップ1はこの課題、それができたら、ステップ2の課題」という案配です。

しかし、そうではなく、もっとランダムな形でいいと思います。「誰よりも高く跳べるようになっても、あえて美しさを求める」「楽に跳ぶにはどうすればよいか」など、さまざまあってよいのです。大切なことは、子供たちが自分に必要な課題を見つけたり、いくつかある課題のなかから選択したりできるようにすることです。

理解というものにはコツがあって、勘所がつかめた瞬間、いままでどれだけ考えてもわからなかった事柄がいっぺんに結びつき、突然「わかった！」に到達することがあります。運動も同じです。たとえば、自転車の乗り方。

ハンドル操作が下手、ペダルの踏み方が下手というのではなく、自転車は全体のバランスを保つ意識が生まれた瞬間、突然乗れるようになります。それまでコケてばかりだったのがウソのようにグングンと走っていけるようになります。それと同じなのです。

加えて、鉄棒運動の「逆上がり」のように、「できた」「いや、できない」だけが浮き彫りになってしまう場合、指導の手立てとしての「できた」を増やすことも大切です。自転車を「補助輪つきで乗れた」と同じ考え方です。たとえば、次の案配です。

［できた①］ 友達の背中で押してもらって回れた。
［できた②］ 縄を補助にして回れた。
［できた③］ 自力で腰を鉄棒に付けて足が真上に上がった。
［できた④］ 自力で1回転できた。

このように、子供たちは①の「できた」から、④の「できた」へと進んでいけるようにするわけです。この場合でも、子供が自分の状況を見つめ、自分で次の課題を目指すようにすることが効果的でしょう。

知識理解にしても運動理解にしても、コツがつかめた瞬間あっという間にいろいろなことを飛び越えてしまう。このことは、「授業は、段階（ステップ）を踏みながら右肩上がりに進むようなものではない」ことを示してくれる好例だと思います。

そもそも子供に必要な学習は、工業製品をつくるように、きれいに規格化できるようなものではないのですから。

子供はなかなか課題をつかめない

1 課題は子供に届いているか

講演の際には、参観者に対して意識的にこう問いかけています。

「課題が子供たちに届いていますか？」

この問いの真意は、授業や教師としての自分を問い直す視点をもってもらうことにあります。

以前、次の授業を参観したことがあります。中学校音楽の授業でした。

授業の冒頭「今日やること」を授業者が3分くらいかけて説明し、生徒全員に「いいですか？」と問いかけました。生徒からは「はい！」と大きな返事。

その声は、参観していた私の耳には大勢の、いえほぼ全員の声に聞こえました。にもかかわらず、授業者は再び問い直します。

「もしかして、わからない人、いる？」

生徒からの反応はありません。授業者は、さらにもう一歩踏み込んで声をかけます。

「これからやることがわからない人、手を挙げてみてくれない？」

すると、おそるおそる手を挙げた生徒の数は、クラスの3分の1にものぼりました。

その様子を見て、〝やっぱり…〟という顔をした授業者は、「じゃあ、AさんとBくん、ちょっと前に出てきて」と言って、2人の力を借りながら「こういうことだよ」とモデルを示しながら説明し直しました。

これには、さすがの私も驚きました。しかし、よくよく考えてみれば、驚くようなことではなかったはずです。

そもそも教師からの「いいですか？」という問い掛けには目に見えない圧力があって、〝「はい」と答えないといけない〟ような雰囲気が生まれます。しかし、理解できていなければ「はい」と言うわけにもいきません。

本来であれば、正直に「よくないです」と答えるべきなのでしょうけど、それこそ言いにくいのです。なぜなら、自分が「わかっていない」ことを認めるのは、「教師の印象を悪くすること」と反射的に考えるからです。だから黙り込むのです。

ましてて、思春期真っ只中の日本の生徒たちです。授業者に三度問われて、ようやく手を挙げた様子からも、そのことはわかります。授業を受ける生徒の心の内を想像してみることの重要性を改めて感じさせられる一幕でもありました。

他方、「はい」と返事ができた生徒の場合はどうでしょう。彼らは、教師の問いかけの内容のみならず、およその意図まで察しています。こうした子は、自分が理解できていることを認めてもらいたいという欲求をもちます。だから、「はい」という返事に自然と力が入ります。つまり、**声を挙げて「はい」と返事ができる子の声は、1.5人分の大きさになる**ということです。

私は、そんな様子を見ていて、ふと「次に何をしてよいかよくわからないまま授業に臨んでいる生徒って、全国にどれくらいいるのだろう」という疑問が湧きました。

もし、3分の1の生徒の頭が「？」のまま授業がスタートしてしまうのであれば、たとえ教師がきちんと課題を提示していても、あるいは説明を尽くしていても（自分ではそう思い込んでいても）、生徒にとってその授業は、ただじっと我慢して椅子に座っているだけの時間となります。

「いま、何のためにこの活動をしているか」「いま、なぜ調べているのか」「いま、なぜ話し合っているのか」がわからないというのであれば、生徒の意識も行動も「主体的」になりようがありません。（学習レベルのいかんにかかわらず）教師と生徒双方で共有される目的意識があってはじめて成立するのが授業なのですから。

かつて私が指導主事だったころ、「課題」が何だかよくわからない（示されない）授業をよく見かけました。黒板にもそれらしきことは書かれないし、仮に書かれていても教科書の該当ページ番号か教科書のタイトルの単語のみ。さすがに現在はだいぶ改善されてきたようですが、生徒の側に立つならば、「答えを考えるために必要な問いが知らされないまま、口のなかに答えを詰め込まれる」ようなものです。

課題がないということは、「調べたこと」「わかったこと」「できたこと」などを整理し意味づけて仕舞う箱（概念化するための問い）がありません。個々バラバラの知識や技能のまま、「覚えておくように」「身につけておくように」と指示されても、生徒にとっては無理難題をつきつけられているようなものです。それでは、暗記すらむずかしい。

その後も、先述の授業者は、生徒全員がわかる手立てを丁寧に講じており、なかなかの授業でした。私は感心して、研究協議の折に、その教師の指導を褒めつつ、次のように参観者に問いかけました。

＊

先生方は課題を出して「わかりましたか？」と尋ねて「はーい」と言わせる授業をしていませんか？

さらに言えば、黒板に書いただけで、「はい、考えなさい」と言ってないですか？

それでは、子供たちに課題がまったく届いていないかもしれませんよ？

なにせ、黒板と子供の頭との距離は、何メートルも離れているのですから。

2 どうやって課題を子供に届けるか

〝子供のもとに丁寧に課題を届ける〟これさえうまくいけば、そこから先は一人でも学んでいける素地となります。

しかし、課題は、子供たちに提示さえすれば届くというものではありません。子供たちが課題にからみつ、い、て、く、る、状況をつくることが重要です。そこから授業のスタートを切らないと、子供にとって課題はただの言葉にとどまり、いつまで経ってても解決すべき対象になりません。

たとえば、歴史の授業で、「聖武天皇はなぜ大仏をつくらせたのかを調べなさい」という問いかけでは、子供は教科書を開き、「伝染病や飢饉の広がり、自然災害などを仏教の力で鎮めようと思ったから」などと、関連する記述を見付け出して読み上げるだけでしょう。このときの子供たちの反応は「見つけた！」であって、決して「わかった！」ではありません。

これでは、クイズの答え探しと同じか、それ以下です（クイズなら自分の知識を活用しますから）。このとき、たとえば次のような問いかけだったらどうでしょう。

教師「当時の仏像は大きくても1・5ｍくらいだったらしいけど、なんでこんなに大きな仏像をつくらせたのかな」
子供「仏教を広めるため？」
子供「『こんなに大きいのをつくれるんだぞ』と、力を自慢したかった？」
教師「ではなぜ、仏教を広めたり、力を自慢したりする必要があるのかな？　教科書を開いて、当時の世の中の様子にヒントがないか調べてみようか」
子供「伝染病が広がったり自然災害が繰り返し起こったらしい」
子供「天候不順で飢饉が人々を苦しめたり、豪族の争いがあったりしたみたい」

教師「そんな世の中なのに、たくさんの物資やたくさんの人々の力を集めてまで、なぜ大仏をつくらせなきゃいけなかったのだろうね」
子供「聖武天皇は昔の人だから、仏教が広がればそういう災いがなくなると本当に信じていたのかも…」
子供「知識のない人々が多いと、宗教の威力はすごいと思う。造ることにも大勢参加して、多くの人々に仏教が広がれば、みんなの心がなんとか安定すると思ったとか？」
子供「だから、権力を生かして当時にしては見たこともないほど大きく造って、威力が増すようにしたのかもね」
教師「なるほどね。じゃあ、みんなで『聖武天皇はなぜ大仏をつくらせたのか』を調べて考えよう。調べることは、みんなの予想を生かして、①どれくらいの大きさか、②どれくらいの人がかかわったか、③仏教は当時の人々にとってどんなものだったか、そして先生からは、④どうやって造ったか。これらを調べてもう一度みんなで考えてみよう」

この段階まできてはじめて、子供はやっと課題に手を伸ばし、「大仏造営を命じた聖武天皇」というイメージを膨らませはじめます。つまり、**課題を子供のもとに届け、予**

想など子供自身が頭を働かせられるように仕向けることではじめて、答え探しの作業から抜け出し、学習内容の理解に向かっていける問題解決的な学習のスタートを切ることができるのです。

対話的な学びは、なにも「子供同士のやりとりじゃないとだめ」という取り決めがあるわけではありません。教師と子供のやりとりだって、学びがいのある対話にすることができるのですから。

先日、二人の若い先生が私のところへやって来て、こんな質問をしました。

「澤井先生、学習問題や課題って、教師が提示しちゃいけないんですよね」

すると、もう一人の若い先生が、それを後押しするように言いました。

「子供が疑問を出して、それを学習問題に使わないといけないいんですよね」

私は、少し驚いて「どうして、そう思ったの？」と問い返しました。

すると、その先生たちは「なぜかはわかりませんが…そう教わりました」と答えました。

私は、その答えにこそ驚きを隠すことができませんでした。そこで、次のようにあえて答えました。

「教師が提示してもいいんじゃない？　子供の疑問を生かさなくても設定はできるでしょ」

もちろん、学習問題や課題は子供と一緒に設定するイメージですから、「教師が何の仕掛けもつくらず一方的に提示すればよい」というものではありません。しかし、なぜよくないかがわからないまま、いつか誰かに指導された方法を鵜呑みにして、「その方法でやればいいんだ」などと思ってしまうことにこそ、問題点が潜んでいるのです。

私はこれまでにも、「子供の疑問から学習問題をつくらなくてはいけない」と盲信している先生と出会ってきました。そうした彼らの授業は、往々にして次のように展開します。

資料をたくさん黒板に提示し、子供たちに「調べたいことを書きましょう」と投げかけ、子供から出された「調べたいこと（この段階では「知りたいこと」レベルですが）」を整理して、学習問題をつくろうとする展開です。

このような授業では、授業の最後になって、学習問題（文）をどうまとめればよいかわからなくなり、教師自身が苦しんでしまうのです。そんな姿を幾度となく見てきました。ほかにも、多数決で学習問題を決めている授業に出合ったこともあります。

そもそも、学習問題や課題は、授業の目標を実現するために教師が想定するものです。子供の一時の知的好奇心のみでつくるものではありません。つまり、私に質問してきた二人の若い先生方への回答の意図は、「方法がダメなのではなく、子供に届かないことがダメ」ということなのです。

ここでもう一度、上述の「大仏造りについての教師と子供のやりとり」を読み返してみてほしいと思います。

課題は、教師が提示しています。子供の疑問からつくっているわけではありません。必要に応じて教師から調べることを付け足してもいます。しかし、予想などのやりとりを通して、子供に課題が届くように工夫しています。

その予想には、当然稚拙なものもあります。しかし、「昔の人だから…」「知識のない人々が多いと…」「当時にしては…」などと、歴史の学習であることを自覚しながら、課題をとらえようとする子供たちの姿を見て取れるでしょう。

日本の子供たちに馴染む対話

1　ゴールイメージをもたせる

たとえば、大きな時計をもち出し、「3分間、グループで話し合いましょう」と指示する。授業でよく見かける光景です。そんな光景を見るたびに、私はこう思ってしまいます。「あんな時計を目の前にして、落ち着いた話し合いなどできるのだろうか…」と。

確かに、授業時間は限られているわけですから、無制限に話し合わせることはできません。しかし、目の前に大時計を突きつけられて、実のある話し合い、学び合いができるのでしょうか。むしろ、「先生が、3分間話し合うように言っているのだから、その時間が経過すれば話し合ったことになるはずだ」と、子供にとっては時間の経過が話し合いのゴールかのような誤ったメッセージを送ってしまう可能性すらあります。

もちろん、話し合いの目的はそこではありません。子供同士が互いの意見をもち寄って新たな気づきを得たり、互いの考えを深めたりすることにあります。

では、「大事だと思うことを二つ見つけたら、代表の人は立って発表してください」という促し方だったらどうでしょう。ゴールイメージは（時間ではなく）「大事だと思うことを見つけることだ」と意識がシフトするはずです。

（仕掛けとしてはどのような形でもよいとは思いますが）たとえば「グループでどうしても意見が合わなかったら、そこでいったん終わりましょう」、あるいは「○と×でどちらかが決まった時点で終わりです」「順位がついたらそこで終わりにしてください」と教師がしっかり学習活動のゴールを提示します。

用法としては**【○○を決めたら…】**→**【□□を終える】**という指示です。このような約束事を子供と共有したうえで活動させたほうが、学習は活性化します。

目的が曖昧な話し合い活動は意外と多いのです。そのため、いつまで経っても子供たちから必要なことを引き出すことができず、何度も時間を区切って延々とやらなければならなくなってしまう。子供にしてみれば、「いつまでやっていればいいの？」という気持ちを抱くのではないでしょうか。

ゴールイメージが不明瞭なままなら、意欲も湧かないし、見通しももてません。このことは、些細なことのように見えて、意外と大きなことだと思います。

他方、話し合いを時間で区切らずにゴールに辿り着いたグループから発表させると、なかには「思うように答えが出せない」「自分なりに結論をつくっていけない」グループも出てくるはずです。しかし、それでいいのです。

ほかのグループの発表を聞くことで、「ああ、そういうことだったのかもしれない」という気づきが生まれ、クラスメートの意見に相乗りして次の学習につなげていけるからです。

もし、〝各グループそれぞれが必ず答えを出さないといけない〟といったガチガチのルールにしてしまえば、息苦しいことこのうえありません。ますます対話が嫌になってしまうでしょう。対話の目的は、学習していることの理解を深めることです。答えをひねり出させることではありません。理解に至る道筋は、その子なりでよいのです。

グループ活動を通して結論を練る学び方の要諦は、各グループごとに完結させること（正しい答えを出させること）にではなく、ほかのグループの発表を踏まえて、自分なりの考えをつくっていくことにあります。だから、そのプロセスが重要なのです。

たとえば、全員がそのつど結論を出し、その結論の全部を短冊にして黒板に貼らなくたっていいということです。そのほうが気楽に学べる子もいます。なまじ、短冊を全部貼ってしまうと、黒板が短冊でいっぱいになってしまい、ただそれを読み上げて終わりという授業もありますから。

話し合うプロセスを重視しながら、「ほかのグループはどうだった？」「同じような話し合いをした？」という投げ返しを行い、子供一人一人がゴールに向かっていけるかかわり方ができれば、対話は活性化するでしょう。

2 「困る」「迷う」状況をつくる

対話とは「相手の意見を聞き、それに対して自分の考えたことを返す」ことであり、そのために必要な前提条件があります。それは、（課題を届けるのと同様に）「伝え合わざるを得ない」状況をつくることです。このような下ごしらえをせずに、ただ闇雲に「対話しなさい」と指示するだけなら、その活動は（前述のように）「自分がメモしたことをそれぞれ読み上げておしまい」となるでしょう。

では、そのような状況をどのようにつくればよいでしょうか。それは、子供を「困らせる」こと、「迷わせる」ことです。「さぁ、困ったぞ。みんなどうする？」とけしかけて、「だから、みんなで力を合わせなければならないよね」という雰囲気をつくっていくわけです。この前提条件をいかに満たせるかが、本物の対話になるかの分かれ道です。

日本の子供たちは、（ＰＩＳＡ調査でも明らかなように）他者と共同して学び合うよりも、内心「一人でやりたい」「共同作業だと自分の力を発揮できない」と思っている子が多いのです。そうした子たちに対して、単に「グループで力を合わせなさい」と言ったところで、結局は力がある子がリードし、力がない子はその場の空気に従うほかなくなります。

もともと対話的な学びが苦手で、経験が少ない子供たちだから、対話の必要感を感じさせることからはじめる必要があるのです。そうでないと、クエスチョンとゴールが意識されることなく、グループで活動することの目的を見失います。

子供たちにとって、「あれ、どうしたらいいんだろう」という「困る」「迷う」状況を教師が演出することで、子供に対話の必要性を感じさせる、それが引き金となって対話が活性化する、こうしたロジックが授業にはあるのです。

「教科書に書いてあることだけでは解決できない」いかにそう子供に思わせられるかが、教師の腕の見せどころといっていいでしょう。

3　「深い理解」に辿り着くための「小さな結論」をつくる

日本の場合、答え（アンサー）ありきの指導観が、授業を一方向的で画一的にしてしまう温床であるように感じます。アンサーばかりに目が向くために「この結論に早く到達させたい」という意識が先行し、子供が学びのプロセスを歩んでいくのを待てないのです。

しかし、その指導観では（教師がどれだけ詰め込んでも）子供が一足飛びにファイナル・アンサーに辿り着くことはありません。それは、問い（クエスチョン）が欠けているからです。ここに、「小さな結論をたくさんつくって、それを足し算しながら大きな結論（ファイナル・アンサー）をつくっていく」ことの重要性があります。この小さな結論を積み上げるというプロセスを経てはじめて、子供は「深い理解」に辿り着けるのです。

たとえば、グループ活動を行うのであれば、その話し合いで決着させる（授業が求める結論を求める）のではなく、活動後の学び合いを深めるための材料（小さな結論）とする考え方です。そのため、グループ活動の段階での子供の発言は幼稚であってよいし、間違っていてもよいのです。

（材料なのですから）むしろ、練り上げられていないくらいでちょうどいい。「まずはきみたちの（グループごとの）考えをつくってみよう」ともちかけ、それを積み上げながら授業が求める結論に迫っていくのです。

もし、このような論理が欠けていると、（前述のように）子供同士の活動を時間で切ることになります。

「はい、5分経ちました。机を戻して。はい、じゃあ意見のある人は？」と教師が問うと、「やっぱり○○だと思いました」と活動前に出た意見に舞い戻ってしまう。子供たちが自分なりの結論をつくるステップがスキップされているからです。

逆に、こんな促し方だったらどうでしょうか。

「○○や□□といった意見が出たね。みんなは何が一番大事だと思う？　ちょっとグループで考えてみようか。意見が分かれたら分かれたでいいから、グループごとに出し合ったことを言ってみて」

きっと子供たちは、「私たちは…」という言葉から発言をスタートしてくれることでしょう。

4 「小さな結論」をつなぐ

このようにして、グループごとの結論や話し合いのプロセスを通じて、学級全体で大きな結論（ファイナル・アンサー）をつくるようにすると考えればよいわけです。その際にも、留意すべき点があります。

子供が使う子供らしい言葉は、大人である教師にとっては意味がよくわからないことがあるということです。このようなとき、「Aくんが言ってくれたこと、どういう意味か誰かほかに言える？」と、大人と子供のやりとりを仲介できそうな子に翻訳してもらう方法があります。

中学校では、翻訳が必要なことは稀でしょうが、教師と生徒のつなぎ役（橋渡し）となる生徒（パートリーダー）を設定してグループ活動を活性化する方法もあると思います。

グループ学習も、たとえば合唱コンクールに向けたパート練習と変わりません。つなぎ役になれる子がどれぐらいいるかにもよりますが、もしつなぎ役がいなかったら教師が下りていけばよいのです。

子供のもっている言語と、教師が教科で教えたい言語には乖離があって、アンサーの研究でも、そこが問題になるのです。

教師が教えたい言語は、教科特有の用語であり、学習指導要領の内容に近いものです。一方、子供のもっている言語は日常生活に密着した経験的な文脈に基づく言語です。だから、実際の授業では、子供のもつ言語と教科特有の言語とを行きつ戻りつさせながらつなぎ合わせることが必要なのです。

なぜなら、**ファイナル・アンサーは子供たちの学習成果であり、子供たちが学習した結果たどり着いた言葉が、教科特有の言語を補うものとして、十分に「反映」されていることが望ましい**からです。そのための行きつ戻りつを子供がやってくれるなら一番いい。

「役割が人を育てる」といいます。たとえば、「ちょっと頼りないかな」と周囲から見られていた先生が、研究主任という役割をもたされることで次第に研究主任然となっていく。これは、子供でも同様です。

グループ活動を行う際、無理に先生が一人で全部を仕切ろうとはせずに彼らに引き出し役を託す。この手法は、小学校よりも中学校のほうが効果を期待できます。

最初のうちは、小さな結論をつなぎ合わせるのは先生であってもよいですが、だんだんと子供たち自身がつなぎ合わせられるようにしていく。子供が困ったり、迷ったり、結論をつくらなければいけない場面の設定です。

「グループ4人でちょっと力を合わせよう」「結論が出たら自分たちの言葉で言ってみよう」という場面設定であれば、どの教科でもできるはずです。10分でも15分でもかまいません。子供たちの力を信じて任せるのです。そのために必要になるのが、「いまやらなければ先に進まないぞ」という必然性をもたせるトレーニングです。

「結論を言う子は、順番にもち回りだよ」

「質問があったら、絶対にするんだよ」

「たとえ友達と意見が分かれても、大事なことを一つ見つけ出して、その理由を書いてみよう」

「どうしても一つに決まらなかったら、この二つで迷っていると言ってごらん」

こんな声をかけながら、子供たちが自らの力で対話を推し進めていけるようにするトレーニングです。

5　グループメンバーで化学反応を起こす

学びのある対話をつくるには、グループメンバー間で化学反応が起きるような問いとゴールの設定が必要です。

- 「メンバー内で結論を出せばいい」（ほかのグループの結論と同じでなくていい）
- 「結論は、いま君たちのもっているものでいい」（その結論に対して正解・不正解は求めない）
- 「迷ったら、結論が2つになってもいい」（意見が割れて、1つにまとまらなくてもいい）

こうしたアプローチのほうが、日本の子供たちの現実に合っていると思います。

確かに、イエスかノーとはっきり白黒をつける、表明することは苦手かもしれません。しかし、みんなで力を合わせて折り合いをつける力を、日本の子供たちは十二分にもっているからです。

折り合いをつけることは、妥協ではありません。はっきりとは言わなくても、お互いに空気を読み合いながら、お互いの納得のバランスを図っていくことです（むしろ、日本の子供たちは、折り合いをつける力に関しては秀でているといっても過言ではありません）。

実際、対話そのものが苦手だといっても、先天的な能力の問題ではありません。異なる意見を率直に言い合うことが憚《はばか》られる日常を生きているから、結果的に苦手になってしまうだけです。これは、トレーニングの問題なのです。

私は「反応する力」と呼んでいますが、この能力を引き上げるのもトレーニングです。わからないことを「わからない」と言えるトレーニング、「どうすればよいか」と質問できるようにするトレーニングが、子供たちの「反応する力」を育てるのです。

もし、こうしたトレーニングを積まなければ、年を追うごとに子供たちは「わかりません」と言わない（言えない）ようになります。

子供の能力は褒められて育つ

「反応する力」を鍛えるトレーニングには、それを継続させるためのエネルギー源が必要です。それは、褒めることです。ただし、褒めるといっても流儀があります。やみくもに褒めるのでは、単なる褒め殺しになるだけです。

思春期のころは特にそうだと思いますが、「きみはすごいね」「立派だね」と言われても、こそばゆいばかりでちっとも嬉しくない、ということがあるでしょう。ときには、〝わたしのこと、本当はよくわかっていないくせに……〟と反感をもたれることだってあります。

しかし、次のような言い方だったらどうでしょう。子供の発言をとらえて一言。

「それは、なかなかよい言い方だね。みんなは気がついた？　ＡくんはＢさんの話をよく聞いていたから、こんな言い方ができたんだよ」

「考える力は、考えさせて育てる」「表現する力は、表現させて育てる」以外にない以上、その子が使った思考の有効性を教師が認め（価値づけ）、成果物としてその子のなかに戻すことが必要です。すると、子供は自分のよさを自覚し、さらに思考を上乗せしはじめます。

「いまの聞き方、よかったよ」

「いまの言い方、おもしろかったよ」

「いまの考え方、みんなで掘り下げてみない？」

この繰り返しです。

本当に育てたいところに力点を置いて褒められたら、大人だって伸びます。子供であれば、なおさらです。発達段階が上がるほどに効いてくるはずです。なぜならば、自分が褒められた意図を理解できるようになるからです。

とはいえ、現状どうでしょうか。授業を通じて、先生方は子供たちを褒めているでしょうか。私の知る限り、あまり褒めていないないように感じられます。より正確にいえば、「自分では褒めているつもりでいるのだけど、肝心の子供のほうは自分が褒められたとは感じていない」ことが多いように思うのです。

ある先生が「すごいね、そのとおり」と子供を褒める場面を想像してみてください。その先生は、自分の発問に対して、子供が正解を発言したときに褒めています。その正解とは、授業を通じて教師である自分が言ってほしい言葉です。

このとき、褒められた子供は、どう感じているでしょう。私には、「正解でよかった」とほっとすることはあっても、「嬉しい。また、がんばろう」とはあまり思えていない姿が目に浮かびます。教師の側が自分の欲しい言葉や正解を子供に言わせようとする限り、正答を褒められても、「次はもっと！」とは思えない（意欲につながりにくい）からです。

というのは、正答からかけ離れたことを言えば、「違う違う、そうじゃなくて…」と否定される、「うーん、そうかな…。ほかにない？」とスルーされることを、子供たちは経験的に知っているからです。「今回はたまたま正解が言えた」という受け止めであるならば、（褒められること自体はたとえ嬉しく感じても）「反応する力」を鍛えるトレーニングを積むエネルギー源にはなり得ません。

意識の転換が必要なのです。褒めるべき対象は、その教師が求めるゴールの正当性ではありません。そこに辿り着くまでのプロセスのよさ、おもしろさなのです。プロセスの質の向上が対話的な学びの充実に結びつきます。だから、思考のプロセスこそ教師の褒めるべき対象なのです。

先ほどの「小さな結論をつくる」グループ活動後の発言であれば、「私たちは…」と話合いのプロセスを発表（紹介）することになります。そのため、教師は正しいかどうかというよりも、着眼点や思考の仕方を褒めることができます。

子供によっては時間がかかる、長い道のりだと思われるかもしれません。しかし、結局あとから振り返ってみれば、一番の近道だと気づきます。日本の生活文化のなかでは育ちにくい「対話する力」を、授業を通じて育てるとしたら、子供たちの思考のプロセスを褒める以外にないと思います。

校内研究においては、たとえば「対話的に学ぶ子供たちを育てる効果的な褒め方」を研究内容に加えることが考えられます。専門とする教科が何であれ、全校をあげて全教師が取り組むようにするのです。

粘り強く取り組めば、半年後には必ずや子供たちの学びの姿が変わってきます。実際、私がかかわった学校で同じように取り組んだところ、子供たちのコミュニケーションの取り方が、相手の意見を理解したうえでかかわろうとする仕方に少しずつですが変わっていきました。

これは、一人の教師の孤軍奮闘ではむずかしいことであり、全校をあげて行うことの効用です。

小中連携で子供の学び方をつなぐ

これまで述べてきた学びに対する子供の心の内、学び方、課題のもち方、小さな結論のつなぎ方の大切さは、学校段階を問いません。殊に、学び方（学習スタイル）については、学校段階の段差を越えて継承することが、ますます必要となるでしょう。

小中連携であれば、小学校6年生と中学校1年生をつないでやればいいと思います。そうすれば、〝小学校での学び方は中学校では通用しない〟といった誤ったメッセージを子供たちに送らないで済みます。むしろ、〝中学校に入ったからといって、急に大人にならなくてもいいいんだ、急にむずかしくなるわけではないんだ〟という受けとめがあれば、新しい学習への不安感よりも、ワクワク感のほうが勝るでしょう。

要は、〝あれもこれも全部教えなければいけない〟という思い込みが曲者なのです。この思い込みがある限り、まだ未熟だけど熟すために不可欠な、子供の「小さい結論」を待つことができず、子供の学び方が継承されません。裏を返せば、小学校と中学校、あるいは教科ごとに学び方をつなぐことが大切であるということです。

そのような意味で、小学校と中学校の共同研究は重要だと思います。

一小一中とは限らないから、小・小で研究を積み、中学校が束ねるという方法もあります。「小学校のときは、○○というスタイルで学んできた子供たち。その学びを中学校でどうつなげるか」という視点からの研究が必要だということです。こうした学習スタイルの継承がなされないと、「義務教育を通じてカリキュラムをつなげる」「資質・能力をつなげる」ことも、すべて〝絵に描いた餅〟に帰すでしょう。

小学校から中学校にあがれば、教科書は分厚くなるし言葉もむずかしくなりますが、最終的には教師がどう料理するかです。**課題を子供たちが自分ごとにする、自分たちなりに思考して小さな結論をつくる、その結論をみんなでつなぎ合わせるというプロセスの重要性に、小・中学校に違いはない**のです。そこには、どの段階での授業でも通用する料理の仕方（手立て）があるはずです。

学び方が継承・共有されていないと、子供の発言の固定化や萎縮、意欲の減衰となって教室に現れます。そうではなく、自分たちで結論をつくれる学び方を、小6と中1でつなぐことができたら…さらに言えば、子供たちが、（学校段階を問わず）前の年に発揮してきた力をさらにバージョンアップできるような料理を行う、これこそが、教師に必要な力だと思うのです。

小中で共有すべきは「子供観」と「授業観」

中学校の先生方が小学校に出向いていって授業の仕方や子供の学び方を見る方法でもよいし、逆に、小学校の先生方が中学校の授業の仕方や子供の学び方を見る方法でもよいと思いますが、授業を見終わった後には必ず小・中学校双方の教師間でお互いに忌憚（遠慮）のないディスカッションを行うようにします。その際、協議の中心は教材や指導方法といった教える側の論理ではなく、学ぶ側の姿を通して議論を尽くすことが大切です。

- 「今日の学習スタイルは、一人一人の子供たちの理解の助けになったか」
- 「今日の子供たちの反応（発言・動き）からどのような学びが見て取れたか」
- 「どのような問いが子供に届く問いなのか」
- 「どのような状況であれば、子供たちは自ら話し合おうとするのか」
- 「子供たちは今日の授業に満足していたか」

こうした観点から、小・中お互いに納得できる「子供観」「授業観」を共有していくのです。

【子供観】 子供はどのような存在であり、どのように学ぶのか
【授業観】 どのような授業が子供の資質・能力を育成するのか
どのような授業をすれば、主体的・対話的で深い学びに迫れるのか

唯一無二の答えを探そうとするのではなく、話し合ったり考えたりする過程で共有できるもの（具体策等）を見いだしていくことが大切だと思います。

詳しくは、第2章で述べることにします。

第2章

授業の本質から「学ぶ」

教師としての自分の価値

「いい仕事をするには、自信をもって臨むことが大切だ」と言われます。これは、どの業界であっても真実であるはず。しかし、教育の世界ではいささか趣が異なるようです。

「自信をもつ」には、職業人としての自分のストロング・ポイントを客観的に知っておく必要があります。それに対して教師の世界ではどうでしょう。私の目には、**いい授業を行える教師ほど、自分の指導のよさに対して無自覚（さらに言えば、無頓着）であるか**のように見えます。

実際、心ある教師であれば「自分の指導がよかったから子供がよくなった」とは決して言いません。「子供ががんばってくれたから…」「保護者が協力的だから…」「周囲の先生方が支えてくれたから…」などと、授業のよさの理由を自分以外の何ものかに求めようとします。そうでない場合でも「教師であれば当たり前のこと」という受け止めです。

こうした受け止めは、謙虚さの表れであり、教師としての矜持とも言えるもので、称賛すべきことです。しかし、そうであるだけに〝本当にいいのだろうか〟とも思うときがあるのです。

教師は授業を構成するうえで重要な中心人物です。教師がいい準備、いい指導をしない限り、授業がよくなることはありません。いくら子供や保護者、上司・同僚が素晴らしいからといって、それだけでよい授業が成立することはないのです。

「自分のどんなところに自信をもっているのか」を明らかにすることは大切です。そのためには、自分の「教師としてのよさ（個性）」を知る（自覚する）必要があるように思います。そうでないと、結局は「センスのある教師は伸びるけど、そうでない教師は伸びない」そんな感覚論で、その教師の善し悪しを断じてしまう（評価してしまう）ことになりかねません。その結果、心を病んでしまったり、「自分は教師に向かない」などと早々に見切りをつけてしまったら、本当にもったいないと思うのです。

「教師としての自分のいったい何が、子供にとって望ましい影響を与え得たのか」「言葉なのか、タイミングなのか、人間性なのか」「計画段階で企図したことがよかったのか、授業中での瞬間的なアドリブが功を奏したのか」「そもそも自分のもっている子供観や授業観の問題なのか」をひとつひとつ検証することも、大切な授業改善へのアプローチだといえるでしょう。

ただ、自分自身を客観視するのは、なかなかむずかしいものでもあります。

そこで、ここではひとつの参考（着眼点）として、医療関係者との「アメリカと日本の幼児・児童の教育を比較する」対談のなかで、日本の教育について語るキャサリン・ルイス教授の発言を再度紹介します（次頁の見開きを参照）。

対談動画「世界の教育改革モデル『日本の幼児・初等教育』」（森永エンゼルカレッジWebサイト）より抜粋・要約

ず、いわゆる学力だけを重視している傾向が強い。

○学校行事に力を入れている。自分たちで計画して準備して達成感を育てている。子供祭りのような行事を見たことがあるが、**勉強で活躍できない子供も夢中になって話し合って考えていた。**

○子供が日直、係など主体性をもっている。子供たちで「どんなクラスを作ろう」と約束事などを決める、みんなで力を合わせて表現運動や合唱など、共同作品を作る、そういうことで所属感を育てている。集団への愛着感を育てている。民主主義では大事な側面。**よい国民を育てる道が作られている。**

○たとえば20年たった後で同窓会を行うというのをアメリカ人が聞くと、非常にびっくりする。アメリカでは、幼稚園、または小学校の同窓会に出た友達は一人もいないんですけれども、日本ではよくあること。先生もクラス会に入れると、大喜びという感じで、そういうのはアメリカにはまずない。逆に考えれば、同窓会に出たくなるぐらいの力を小学校教育が持っているとなると、価値観を教える力も持っていると思う。

○課題も感じる。ハンカチを２枚もってくる、靴箱への入れ方など、**細かな決まりを作る。それは子供が考えることではないか。**きめ細か過ぎる点は、基本的なメカニズムとは関係なく学校ごとに決めている。

○学校と家庭の関係は悪くなっているのではないか。テレビでやっていたが、家で髪を切れと言ってもいうことを聞かないから、先生から言ってください。これは違うのではないか。

○アメリカ人の教育に対するイメージは、（お金さえあれば）１人対１人の家庭教師をすべての子供につけるのが一番いいというイメージ。日本では一斉教育のとてもすばらしい授業がせっかく発達したのに、**少人数教育にフォーカスを置くと、逆に悪くなるのではないか。**

○**日本人はオリジナルの教育モデルを外国に求めたがる傾向がある。**

日米の教育比較（キャサリン・ルイス）

○日本の学力のベースは人間関係にあり、諸外国が日本の学力だけを真似ようとしてもできない。同じ先生と同じ学級で２年間など、温かい親しみのある関係の中で学ぶことを重視している。アメリカでは１年間を前提としてその学年の専門家のような教師になっている。また、日本の学級には「班」という家族的なグループを大事にしており、例えば**子供同士で課題を補い合うように意図している**構成が多い。

○特に（小学校）低学年では、**子供同士の人間関係を重視**している。落ち着かない子供がいるとしっかりした子供をそばに付けるなど保護者が知らないところでいろいろな工夫をしている。見事な研究であると思う。

○教師はとても**子供を平等に扱おうとする。**アメリカでは、能力別にグループに分けることが多い。読み書き算ができないと低く見られる。そこには優越感もあれば劣等感もある。劣等感は心の傷になる。それで人間関係がおかしくなることもある。日本ではそれができる限り起こらないように努力する。小学校は、自己イメージが作られる大事な時期であることをよく意識している。

○学級会、朝の会、帰りの会などで、スピーチで自分の生活について報告し合い、褒め合ったりアドバイスを送り合ったりするなど、子供同士の関係を育もうとしている。話し相手になれる仕組みをよく考えている。国際調査でも、日本の教師は人間関係を重視している。子供と一緒に食事をする、家庭訪問をする国は、あまりない。

○問題行動をとる子供への対応は、日本の教師はすばらしい。その子供に友達関係が育めるようにする。子供をみんなの前でしからないなど、配慮がある。

○将来の国民をつくることを視野に置き全人教育を行っている。**社会的、道徳的な発達、社会の一員としての発達を丁寧に考えている。**係の仕事、日直、掃除など、目標も協力、思いやり、努力するなど、学習以外の目標が多い。アメリカではあまりこういう目標を掲げ

自分の授業を見つめる第三者的目線

私は最近よく、講演などで「『主体的・対話的で深い学び』を抽象的な言葉で説明できても、授業は絶対変わらない」と話をしています。そのうえで、「主体」「対話」「深い」を自問文に置き換えていることを伝えます。**資料1**は、あくまでも私自身の自問（例）ですが、ここから本校の研究課題やキーワードを見いだす、という手順で考えていきます。

実際にキーワードを並べてみると、「主体的」と「対話的」は主として子供の側に立って自問しているのに対して、「深い」は教師の側に立って自問していることに気づきます。

そもそも「主体的・対話的で深い学び」は、とても大きく概念的なキーワードです。すべての教科等に共通する授業改善の視点や方向を描いているからです。そのため、どの教科等の授業においても意識する必要があるものです。

とはいえ、**「『主体』と『対話』と『深い』とは、それぞれ何ものなのか」などと個別に切り分けて、定義を探したりしないほうがよい**と思います。もっともらしい説明をつけたからといって、「目の前の子供たちのためになる授業改善の視点」が見つかるわけ

資料1　「主体」「対話」「深い」の自問（例）

子供が「主体的」に学べているか？	子供が「対話的」に学べているか？	子供が「深い学び」を実現しているか？
課題は子供に届いているか 子供は一人で学べるようになっているか 振り返って自分の学びを自覚できているか	子供は対話の必要性を感じているか 対話のゴールイメージをもてているか 子供たちに対話する力が育っているか	単元の目標を実現しているか 教師は教材研究を重視しているか 教師は学ぶプロセスを重視しているか

ではありません。

授業改善の視点とは、一言で言えば「自分の授業を見つめ、見つけ出した課題点」です。字句のとおり、まず最初にすべきは、「自分の授業を見つめること」です。

しかし、そうはいっても、自分の授業を自分の力だけで客観的に見つめるのは容易ではありません。では、どうすればよいのでしょうか…ズバリ「自分の授業を人に見せること」です。

教師は、1日のうちのほとんどの時間を子供たちと教室で過ごします。教室ではいいことも悪いこともひっくるめて、いろいろなことが起きます。そのつど、教師は対応に追われます。まして、多忙感を抱えている教師であればなおさらです。こうした日常を漫然と過ごしていたのでは、「自分の授業を見つめる」ことはできません。

しかし、授業の最中、あなたの教室に第三者が入ってきたらどうでしょう。たとえば、保護者が教室の後ろにずらっと立って授業を見はじめる、あるいは管理職や同僚・後輩がメモをとりはじめる、その途端に、普段とはまったく異なる思考がスタートするのではないでしょうか。

〝えっと、いまの発問はちゃんとAくんに届いたかな…〟
〝ちょっと、あいまいだったかもしれない…〟
〝ん〜！　今の言い方は、Bさんにはきつかったかな？〟
〝次はどうする？　ちょっとゆさぶってみるか…〟

こうした思考の裏側には、不安や焦り、そして高揚感があります。授業者である自分と子供たちだけでは感じることがむずかしい教師独特の感覚です。

これは、（他者に授業を見せることに慣れていないと、ネガティブな気持ちになるかもしれませんが）教師としてきわめて適切な頭の働きです。

普段は意識の水面下にある「自分のなかの第三者的目線」が、不意に意識下から浮上してくるからです。つまり、**他者に授業を見せることで、自分の授業を見つめるもう一人の自分が現れ、授業を厳しく評価しはじめる**のです。これこそが、授業改善の視点を見いだす唯一無二の方法と言って差し支えないでしょう。

授業改善の視点を見いだせれば、教師は自然と自分なりの授業改善に取り組みはじめます。ただし、この段階では自分限りの試行錯誤です。ややもすると、子供が置いてけぼりとなるような独り善がりの改善（改悪？）になる怖れもあります。それを抑止するためにも、同僚性を活用し、お互いの「授業改善の視点」をもち寄って議論を尽くすことが必要となるのです。

ひとくちに教師といっても、さまざまな個性があります。事務仕事は苦手だけど授業で子供をのせるのが上手、綺麗な字は書けないけど子供の反応を自然に引き出すのが上手など、まさに色とりどりです。

他の教師と「授業改善の視点」をもち寄って「ああだ、こうだ」と議論することはとても大切なのですが、もし仮にガチガチな型をつくりあげて、そこに教師のほうをはめ込もうとすると、かえってうまくいきません。自分のキャラ違いのことをやって成功することはないのです。そのような意味で、教師としての自分の個性を知ることがとても重要です。

およそ長所と短所は背中合わせです。見る人（子供、保護者、上司・先輩、同僚）によって、同じ側面でも評価はくるくると変わるものです。ですから、「できる、できない」「いい、悪い」「うまい、下手」という二項対立的な視点ではなく、教師としての自分の個性を包括的に考えることが大切です。

ここで強調したいことは、全教職員として「授業を見つめる目」の重要性を共有しながらも、改善の方途やスタイルは、教師の個性に応じて幅をもたせ、柔軟に行うことです。こうした、いわば既製服の仕立て直しが必要となるのです。そうすれば、教師としてのあなたのユニークな個性が、子供にとって独善的ではなく独創的な授業づくりに生かされるでしょう。

クエスチョンの研究

1　クエスチョンの研究は新しい教材研究

学校の先生方は、学校段階を問わず、総じて教材研究に熱心です。ただ、気になるのは、〝その教材研究が、アンサーの研究に偏ってはいないか〟ということです。

「この教材を通して、子供に何を理解させるか」
「この教材で、子供に何を身につけさせるか」

こうした研究は、「子供がいかに素早く、正確な答え（ゴール）に到達するか」に力点が置かれます。「学習のゴール」が研究対象となるからです。

加えて、この考え方は、「教師の指導によって、いかに効率的に教えるか」というアプローチと表裏の関係にあります。その根底には、「子供が獲得する学びは、教師が教えるもの」という「授業観」があります。

アンサーの研究自体を安易に否定するつもりはありません。ただ、「教材を通して子供が何を理解すればいいか」「何を考えさせればいいか」という研究である限り、そのアンサーは、（子供にとっての望ましさよりも）教師にとっての望ましさが優先されます。

よく「待てない指導」という言い方がされます。これは、教師の性格や経験不足の問題では必ずしもありません。「せっかちだから待てない」わけではないということです。**自分の設定した学習の道筋を外れたように感じるから（そのことに不安を感じるから）待てない**のです。仮に授業者がせっかくいい発問をしたとしても、子供たちが自分の望む方向に向かわないと見るや、不安に耐え切れずに授業者自らが「答え」を言ってしまうわけです。

それに対して、私は次のように提案しています。

「これから先生方が目指すべきは、アンサーの研究にとどまらないクエスチョンの研究です」と。

ここで言うクエスチョンとは、子供が頭を働かせる自動装置です。この装置が自動的に作動するには仕掛けが必要です。「見方・考え方を働かせる」「主体的に取り組む」「対話的に考えを広げる、まとめる」ことを促す仕掛けです。

そうした仕掛けを称して、本書ではクエスチョン（問い）と呼びます。もちろん、実際の授業を構想する際には「学習問題」「本時の課題」「本時の問い」「ねらい」「目当て」など、呼び名はさまざまでかまいません。発問を含めて考えてもよいと思います。いずれにしても、子供の頭が働くための自動装置の研究こそ大切だと思うのです。

知識中心主義の受験学力が求められた時代であれば、アンサーの研究は必須の取組だったことでしょう。しかし、「概念としての知識を問う設問」「思考のプロセスを問う設問」といった、新受験学力が問われる時代においては、先生方の切磋琢磨がかえって裏目に出てしまう可能性があるのです。

そうでなくとも、「自分の授業を見つめる目」をこれから育てていこうとしている若い先生方であれば、【アンサーの授業研究】＝【教え込む授業】のように見えてしまう危険性すらあります。

禅問答みたいな言い方ですが、**クエスチョンの研究は、クエスチョンだけを考えて成**

立するものではありません。子供自らがアンサーに辿り着けるようにするためのクエスチョンを研究するということです。

2 クエスチョンの研究は「子供研究」

クエスチョンが子供に届かないということは、（第1章でも述べたとおり）実際の授業で頻繁に起こることです。

ここでは、社会科の授業を例にして、「クエスチョンが子供に届く」とはどういうことかを紹介します。

産業の発展に努める特色ある地域（第4学年）の学習です。

地域の農産物である「ゆず」を加工して清涼飲料水を開発して販売した村があります。この村は、商品の大ヒットをきっかけにして、清涼飲料水だけでなくさまざまなゆず商品をつくり上げました。その後、ネット販売、セット販売やキャンペーン販売など、販路を拡大させていきます。こうした「村おこし」を教材とした授業でした。

授業者はグラフを提示しながら、子供のほうから「なぜ、こんなに急速に増えているのか」という「問い」が発せられるのを期待していました。しかし、どう水を向けても言ってくれません。彼はやきもきしながら、それでも何とか言わせたくて、さらに深掘りしようとするのですが、かえって深みにはまっていきます。

「このころはほとんど売れてないね。このころになると33億円もの売上だね。どう?」

子供たちからは、一様に「すごーい」の声。でも、「なぜ」とは言ってくれない。

「1日当たりで計算してごらん。1日あたり1000万円だよ」

やっぱり言わない。

終《しま》いには、「先生なんか1日どんなに仕事をがんばっても1万円だよ」と言ったら、「先生、一人暮らしならそれで十分じゃん」と突っ込まれる始末。「それで足りないんだったら、給料はいくらあればいいの?」と、授業とはすっかり関係ない話に逸れてしまいました。

さて、なぜこの子供たちは、「なぜ?」と言ってくれなかったのでしょう。

実は、そんなにむずかしいことではありません。子供たちはみな、その清涼飲料水が大ヒットしていることを既に知っていたからです。子供のなかでは、〝きっとこういうことなんだろうな〟と想像がついているわけです。だから、「すごい」とは言うものの、「なぜ」とは言わない。このように単純な話なのです。

では、どうすればよかったのか。それは学びにつながる本物の「なぜ」を引き出すための、言わば仕掛けとしての「なぜ」を、教師のほうから子供にもちかければよかったのです。

授業者が提示したグラフの曲線を、子供たちは「清涼飲料水の売り上げ」の推移だと思い込んでいるわけです（グラフのタイトルには「ゆず加工品の売り上げ」と書いてある）。そこで、教師のほうから「なぜ、こんなに売り上げが上がっているのだと思う？」と聞いてしまえばよいということです。

清涼飲料水については多くの知識をもっている子供たちです。知っていることを大いに発言してくれるでしょう。

ひとしきり意見が出た後で、「え？　本当にそうなのかな…」と言って、今度は「ゆず清涼飲料水」だけのグラフを提示する。すると、そこには、子供たちの発言をひっくり返す結果が表れているわけです。

「ゆず清涼飲料水だけのグラフではない!?」

「じゃあ、ゆず加工品の売り上げって何のこと？」

この瞬間、子供たちの内面にようやく本物の「なぜ」が生まれます。学びを深めようとする子供たちから生まれる「問い」です。こんな些細なことなのですが、その後の授業が子供の問題解決につながるか否かの分岐点となります。

私たち大人は、よく知らないものに出会っても、出会った事象の前提条件を知っていることが多いので、既有知識を活用しながらすぐに「問い」をスタートさせることができます。頭のなかで「○○であるはずなのに、なぜ」というように、疑問の対《つい》となる「○○」をあらかじめ想定しているからです。

しかし、知っていることや想定できることが限られている子供たちは、そうはいきません。そもそも、そこに「ズレ」があること自体に気づいていないからです。だからこそ、教師がその「ズレ」を授業のなかで再現しなければならないのです。まずは前提条件となりそうなことをみんなで確認して、そのうえで「〇〇であるのに、なぜ？」へと展開する。このプロセスを経てはじめて、子供たちにようやく課題が届くということです。

私たち大人は、「すごい」「多い」「たくさん」などと簡単に口にしますが、内心では無意識にいつも何かしらと比べています。本当は、内心「私より、うまいわね」と思っていることでも、そうは言わずに「あなた、うまいわね」という言葉に置き換えて相手に伝えます。教師もそうした大人の流儀に慣れてしまっていて、子供の理解に必要な前提条件を伝える必要性を忘れてしまうのです。

このことは、教科を問いません。国語でも理科でも同様です。クエスチョンを研究するということは、子供のレディネスや思考の傾向などを研究することです。「子供研究」といっても差し支えないものですが、「近年の子供は…」「日本の子供は…」といった一般論としての研究ではありません。いま、あなたの目の前にいる子供たちの研究なのです。

学習のまとめの大切さ

上述の授業は、いろいろな意味で興味深い実践でした。特に、子供たちがおもしろかった。

授業者は若い3年目の先生でとても元気。それ以上に元気いっぱいな子供たちです。この子たちが、授業の端々で口を挟むのです。たとえば、授業者が黒板に資料を貼っていると、「先生、これ全部一人でやったの？　すごいじゃん」などと突っ込みを入れて笑いが起きる、そんな楽しげな雰囲気のなかで授業が進んでいました。

しかし、考えるべき課題点がはっきり見える授業でもありました。

本時の問い「なぜ、ゆず加工品は1日1千万円も売れるようになったのだろう」を受けて子供たちは、グループで話し合い、その結果を短冊にまとめて発表しました。授業者は、それを黒板に位置づけながら貼っていきます。ここまではよかった。

次の瞬間、とても「もったいない」ことが起きます。

それは、「みんなよく書けました。じゃあ、まとめは先生が黒板に書いていくね」と言って、授業者がまとめてしまったのです。もし「それの何が問題なの？」と感じた方がいれば、よい機会なので一緒に考えていきましょう。

授業終盤の黒板には、多くの文字、子供の意見や考え、資料から読み取った事実など、それぞれに意味のある情報が並びます。教師はそれらを線で結んだり、色チョークで囲んだりするなど、情報の相互関係や大事な情報が子供に伝わるように工夫します。

このとき、子供から教師へよく発せられる質問があります。「先生、その黒板は写しますか？」という質問です。

その質問に対し、授業者は「写さないでいいよ」と言ったとします。「いまは、考えてほしいから、あとでね」と。しかし、多くの場合、この「あとでね」という時間はやって来きません。だからといって、「ノートに書き写すことなどどうでもいい」と思っているわけでもありません。

黒板に書かれる情報には、ノートなどに書き写して後々使えるように残すための情報と、子供の思考を活性化させるための情報があります。教師が「あとでね」と言うときの情報は後者です。その情報をもとに「いま」子供たちに考えさせたいのです。

たとえば、「Aスーパーマーケットは、16時にタイムセールを行っている」などと板書しても、それ自体は「使える知識」（汎用性のある知識）にはなりません。Bスーパーマーケットでは12時にやっているかもしれないからです。そのような意味では、覚える必要もない、テストにも出ない情報です。

しかし、本時の問い（クエスチョン）に対するアンサーを考える「いま」のためには、重要な情報になります。「駅前にあるから、電車に乗って外で働くお母さんが夕飯の材料を買って帰る時間だからだよ」などと子供が事実をつなげ、意味づけてまとめることができるからです。そのため、こうした情報は、学習終盤の「いま」、本時の問い（クエスチョン）に対するアンサーを考えるときにこそ使うべき情報だといえるでしょう。

さて、先ほどの授業では、授業者自身がまとめてしまっています。この行為は、子供が考え、意味付けて発言したり、文などで表現したりする大切なプロセスを、教師が（無自覚に）奪ってしまったことを意味するのです。

実は、このプロセスこそ、知識や技能を活用して考えたり判断したり表現したりする場面であり、資質・能力を発揮・育成できるチャンスなのです。先ほど私が「もったいない」と表現したのは、こうした理由からなのです。

ついでに言えば、教師が黒板に書いたまとめを写させたノートは評価対象になり得ません。単純な話です。みな同じ内容になるからです。

学習のまとめは、子供が自分の力でやってみるべきものです。子供たちの表現を教師が受け止め、つなげたり意味づけたりしながら概念化を図っていく。もし、その教科としての大事な言葉が子供から出なければ教師が補えばよいのです。

学習のまとめが、なぜ大事なのか…それは問い（クエスチョン）に対するアンサーを考えるプロセスを生成するからです。これが、子供一人一人の資質・能力を伸ばす時間となります。

「深い学び」とは、教科目標の実現を目指す学び

校内の研究主題は、各教科等の目標を実現するためにあるものです。教育課程は各教科等の構成で成り立っているからです。

ところが、実際に研究に着手する段階になると、何となく研究主題を実現するために教科があるかのような錯覚に陥ります。たとえば、「研究主題として設定した『ESDで求める能力』を養うために、国語の授業がある」といった具合です。このように、各教科等と研究の位置関係は、時折、逆転する傾向があります。

本来であれば、「国語科の目標を実現するために、いかにESDの視点を取り入れるか」というアプローチであるべきものです。そうであれば、国語科で求める資質・能力が、ESDで求める能力と相まって育つことを期待できます。あくまでも主は各教科等であり、副が研究主題でなければなりません。

こうした逆転現象は、「深い学び」にも当てはまります。

それは、「深い学び」が各教科等の目標の上位概念であるかのような思い込みに原因があるように思います。そのために、「深い学び」を追い求めるベクトルと、教科目標

を追い求めるベクトルの二軸があるかのような錯覚が生まれます。この錯覚が、「深い学び」を難解な概念に仕立て上げてしまうのです。

そもそも「深い学び」は、中央教育審議会が提起し、学習指導要領「総則」に盛り込まれた概念ですが、どの教科等においても重視されています。つまり、各教科等の目標の記述には、この「深い学び」の姿が必ず意識されているのです。この点で、研究者が主張するディープ・ラーニングとは、趣旨はもとより目的も異なります。

見方を変えれば、教師自身が各教科等の目標、あるいはそれを踏まえた単元等の目標を読んだときに、どれだけ深くイメージできるか、ということだと思います。浅く読んでしまえば、浅い学びしか生まれないし、逆に深く豊かに子供の姿で読み取れれば、単元末ごとに目標に近づいていけるのです。特に新学習指導要領の下では、実際の授業を進める際の単元等の目標は、三つの柱に沿った資質・能力で描かれることになります。

学習指導要領の目標を踏まえて指導案の目標を書く際、言葉をよく吟味しないで使っている間は、いつまで経っても子供の「学び」は深まりません。

実際の話、**「どのような学びが深いのか」「どこまでが浅くて、どこから深いのか」などと問えば問うほど、かえってわからなくなるのが「深い学び」**です。

ですから、「深い学びとは何か」を気にするよりも、学習指導要領に書かれた（あるいは指導案に自分で書いた）目標の意味をしっかりと理解し、その目標を実現するための方策を考えるほうが賢明です。

実際、指導案を見て、単元目標を見て、子供の姿を見て、目標を実現していないなと感じる授業は意外と多いのです。そこで、私は「**深い学びとは、目標を実現する学びだととらえればいい**」と説明しています。

「深い学び」について考えるならば、「あなたが書いた単元目標の責任をとる授業に心を砕くべきです。深いか浅いかを考えるより、そのほうが圧倒的に生産的です」と。

すると、周囲からは「ああ、なるほど」という声が上がります。「だから、今回三つの資質・能力という仕掛けをつくったのです。この三つは相互につなぎ合わせると、学びはどんどん深まっていくんですよ」と。

社会科を例にすれば、次のように目標を列記できます（括弧内は中央教育審議会で示された深い学びの例）。

- 地理的・歴史的・公民的な知識を窓口にして社会生活を理解する（知識を相互に関連付けて深く理解する）。
- 社会に見られる課題を把握して、その解決に向けて社会への関わり方を選択・判断する（問題を見いだして解決策を考える）。
- よりよい社会を考え、学んだことを社会生活に生かそうとする（思いや考えを基に創造する）。

仮に、三つの資質・能力を個々別々に切り分けて、「知識を教え込む」「判断するのに根拠はいらない」「態度は押しつける」という授業であれば、そこで得られる学びは（「深い学び」とは何かを問うまでもなく）必然的に浅くなるでしょう。

指導案の目標でいえば、「① ○○を知る」「② □□（対象）について考える」という文末表現がこれに当たります。「□□について」というのは、（あえて乱暴な言い方をすれば）「対象だけ合っていればあとは自由だ」「でも、愛情はもて！」などと、学習内容を個別に切り離してしまいます。それでは、それぞれに学んだことを相互に結びつけて考えることができなくなります。それこそ浅い学びだといえるでしょう。

そうではなく、「～を調べる活動を通して、～を考える」「～と関連づけて考え、～を理解する」「～を判断することにより、～への関心を高める」というふうに、三つの資質・能力を縫い合わせるように目標を設定すれば、特別に意識していなくても、授業は「深い学び」に向かっていきます。そのために鍵になるのが、「見方・考え方」を働かせる問題解決的な学習です。

社会的事象から問題を見いだし、その追究・解決のために、「○○に着目して（技能を発揮して調べ）、～をとらえ、比較・分類、総合したり人々の生活と関連付けたりして」（見方・考え方を働かせて）、特色や意味などを考え、最終的に社会生活について理解したり関心を高めたりする。これが「見方・考え方」を働かせる問題解決的な学習のプロセスであり、三つの資質・能力がつながるように描かれていることが見て取れると思います。

従来から、問題解決的な学習はそういう（総合的に学力を身につけるという）趣旨でしたが、各教科等の目標（柱書）に「見方・考え方」が加わることで、その教科らしい問題解決的な学習のプロセスがより明確になりました。

日本の教育は、各教科等の目標に書かれていること以上の深掘りを求めているわけではありません。そのことは『学習指導要領総則』（平成29年）でも明らかにされています。「授業改善」という項目を新たに立てて、「各教科等の特質に応じた見方・考え方を働かせながら」とし、その後には、中央教育審議会で例示された「深い学び」がそのまま書かれています（**資料2**の四角囲み部分）。

「総則」を読んではっきりわかることは、〝「深い学び」は各教科等ごとにある〟ということです。はじめに（教科等の上位概念として）「深い学び」という形があるわけではない、「各教科等の特質に応じて」深く学ぶのだと書いてあります。

日本の学校の教育課程は、各教科等に分けて構成されています。そうである以上、教科ごとに「深い学び」があるのでなければ、日本の教科構成の存在理由を担保できません。

重要なことは、いつだって目指すべきは各教科等の目標を実現することです。そして、各教科等の目標実現は、単元等レベルの目標実現の積み上げによってもたらされま

資料2

学習指導要領総則（平成29年3月告示）

第3　教育課程の実施と学習評価

1　主体的・対話的深い学びの現実に向けた授業改善

(1)　特に、児童が各教科の特質に応じた見方・考え方を働かせながら、知識を相互に関連付けてより深く理解したり、情報を精査して考えを形成したり、問題を見いだして解決策を考えたり、思いや考えを基に創造したりすることに向かう学習の課程を重視すること。

深い学びの例（中央教育審議会答申）平成28年

す。このような意味で、「深い学び」は、単元設計を見直すツールだという言い方もできます。あるいは、いま一度、単元の目標を見渡して、三つの資質・能力を実現できているかを検証するための羅針盤です。

中学校での講演などでも、次のような話をすると、先生方は納得してくれます。

そもそも中教審は、各教科それぞれの目標、をイメージしながら深い学びや見方・考え方の例を提起しています。ですから、「深い学び」にしても「見方・考え方」にしても、これまでと何か掛け離れたことをさせたいわけではないのですよ。

もし、「深い学びとは、もっと○○のはずだ」などと議論が沸騰してしまえば、いつしか教科目標や単元目標がおいてけぼりとなって、不必要に授業を難解にしてしまうでしょう。

新しい学習指導要領は、「資質・能力」の改訂と言われますが、実際には各教科等の目標の改訂なのです。だから、シンプルに考えたほうがいい。それが、「目標にしっかり目を向けさせる」ための仕掛けなのですから。

目標とクエスチョンの関係

ここであらためて目標とクエスチョンの関係を考えてみたいと思います。

「選挙に行って投票する権利は、あくまでも権利であって義務ではない。だから投票には行かなくてもよい。みなさんはどう思いますか？　賛成ですか？　それとも反対ですか？」

ある小学校で、このような問いを提示し、子供に話し合わせる6年生の授業を参観しました。

「選挙に行かないと代表を選ぶことができないから、自分の願いを届けられない」

「みんなが選挙に参加しないと、若い人にとってもお年寄りにとってもよい社会がつくれない」

大多数の子供は、反対の立場から発言していました。その一方で、「そのとおり！

義務じゃないんだから行かなくていいと思う」と、賛成の立場から主張した子供が3人いました。

授業の最後に、授業者はこう尋ねます。

「みんなで話し合ってみて、自分の考えが変わった人はいる?」

考えが変わったと言う子は一人もいません。賛成派の3人もそのまま。それどころか、Aさんのノートを覗き込むと、そこには「私は一生選挙には行きません」と書かれていて、私はぎょっとしました。

少数とはいえ、「将来へのネガティブな意思表明が学習のまとめ」というのでは、Aさんにとって、さすがに健全な授業だったとは言えないはずです。

さて、この問題の本質は、どこにあるでしょう。端的に言えば。授業者が目標とクエスチョン（本時の問い）の関係に気づいていない点にあります。

この授業で設定されていた目標は、「話合いを通して、選挙の意味を考える」でした。ということは、子供たち同士が対話すべき対象は、選挙という社会的事象の意味であったはずです。では、この授業では、そうした意味を問う対話となっていたでしょうか。

ここで、反対派の子供たちの発言理由を振り返ってみましょう。

「自分の願いを届けるため」

「お年寄りにとってもよい社会づくりのため」

いずれも、「選挙の意味」について考えていたからこそ生まれた発言だったと思います。

他方、賛成派の子供たちはどうでしょう。「選挙の意味」について考えることができたでしょうか。少なくとも、私にはそう見えませんでした。彼らは、「義務でもないのに選挙に行くべきか」と、「選挙の意味」よりも、「権利と義務」に立脚して考えようとしているように見えました。

これは、賛成派の子供たちが教師の問いをミスリードしたからでしょうか。私はそうではないと思います。結論から言うと、最初に賛成の立場に立ってしまうと、「選挙の意味」について考えにくくなる「問い」だったということです。「選挙権は義務ではない」という前提条件に縛られるからです。

反対派は「選挙権は義務ではないけど…」と前提条件を留保する形で意見を出せるので、おのずと思考の自由度と選択肢が増し、「選挙の意味」について建設的に発言できるようになります。一方、賛成派は「選挙権は義務ではないから…」と常に前提条件に基づいて考えざるを得なくなるので、思考が「選挙の意味」に向かいにくくなるわけです。

結果、反対派と賛成派の二項対立となります。そのため、双方の意見を材料に考え合う対話ではなく、（特に賛成派の子供たちにとっては）どちらが正しいかを決するディベートの色彩が強くなったと考えられます。

子供にしてみれば、「賛成派と反対派、どっちが多い？　人数の多いほうが勝ち、少ないほうが負けだよね」という受け止めになります。だから、負けてしまった（と感じた）Aさんは「私は一生選挙には行きません」とノートに書き込んだのでしょう。

子供たちに問うとき「賛成か、反対か」と選択させて「それはなぜか？」と理由を考えさせること自体は悪いことではないし、むしろよくある手法のひとつです。ただ、**このタイプの問いは、あくまでも対話的な活動を促すための仮の問い、あるいは話し合うための手立てとしての問いなんだということを忘れてはならない**と思います。

ここでも、授業の目標実現に向かっていく直接的な問いを想定するならば、「なぜ、投票することが大事なのか」と問うてみればよかったのだと思います。

教師が、目標とクエスチョンの関係に対して自覚的になると、授業展開はずいぶんと違ってきます。

たとえば、投票率が外国に比べて低いデータを示すとしましょう。

子供「ああ、日本は大変だ」
教師「でも、選挙権は義務じゃないよ。権利だから行かなくていいんでしょ」
子供「でも、そうなると、政治の仕組みとして〜」

子供「だから行かない人が多いのかな。面倒だからとか」
教師「じゃあ、ちょっと立場に分かれて話し合ってみる？」
〈話合い〉
教師「話し合ってみてどうだった？　選挙に行かない人の理由も少しわかったね」
教師「そのうえで、あらためて考えをまとめてみよう。選挙権とはどんな権利なのだろうか」

このような展開であれば、子供たちの視野が広がる形でまとめが書かれ、はじめに結論ありきでも予定調和でもない、子供が自分の頭で考えたアンサーが描かれるのではないでしょうか。

図に整理すると、**資料3**になります。

この図のなかの「賛成（理由）」「反対（理由）」と四角で囲んだ記述が、子供たちが学習のまとめを行うための大切な情報になることがわかります。

もう一つ紹介します。同じく6年生の歴史の授業です。

授業者が提示した問いは、「弥生時代は縄文時代と比べて幸せだったか、そうではなかったか」でした。なんとも変わった問いだなと思いましたが、子供たちは積極的に発言していました。

資料３　改善案(A)

（目標）話し合いを通して選挙の意味を考えるようにする。

q（きっかけの問い）：なぜ投票率が低いのかな？

Q（手立ての問い）：権利ではなくて義務だから行かなくてもよい。賛成？反対？
（真の問い）選挙権とはどのような権利か、行かない理由を含めて考えよう。

賛成（理由）	反対（理由）
・よくわからないのに投票するといい加減な選挙になるから。 ・予定が重なってとか体が不自由とか行かない理由もあるから。 ・そもそも「行くことができる」という権利だから。	・代表を選ぶ権利。行使しないと自分たちの願いは実現しない。 ・各世代のニーズは違う。みんなが納得する社会にするためにはみんなが参加すべき。 ・憲法に定められた国民主権だ。

q（目標に迫る問い）：選挙権とはどのような権利と言えるだろうか。
（双方の意見を踏まえて考えよう）

A（子供のまとめの例）：日本国憲法に示された国民主権の考え方が国の基本。それを大切にするなら行使すべき権利だ。
若い人たちも自分たちにとってよい社会を求めるなら投票すべきだと思う。世の中を公平にする権利。
確かによくわからないまま行くべきではない。だからマニフェスト等をよく調べ、自分でよく考えてから使うべき権利。
投票に行きづらい人のために、いろいろな場所で投票できたり、インターネット投票などの工夫があるとよいと思う。もっと行使しやすくすべき権利。

「幸せだった」派は、稲作による食料の安定や定住の広がりを理由に挙げます。対する「そうではなかった」派は、身分階層の誕生や争いの勃発を理由に挙げます。私は「なるほどなぁ」と感心しながら見ていました。

しかし、この授業でも先の例と同様に、授業の最後で、授業者は「自分の考えが変わったどうか」を子供に尋ね、それを学習のまとめとするように促していました。

選挙の授業と同様に、

資料4　改善案(B)

（目標）弥生時代の特徴を多面的に考える。

q（きっかけの問い）：弥生時代は縄文時代とどう変わったのかな？

Q（手立ての問い）：弥生時代は縄文時代と比べて幸せか？そうでないか？
（真の問い）弥生時代には人々の暮らしにどのような変化があったのか。

幸せ（理由）

・稲作が広がって食料が安定した。食べ物が安定的にあるのは縄文時代より幸せだ。
・定住が進んでむらができた。人々が協力しながら暮らせるのは安心。

そうではない（理由）

・指導者など、身分が分かれはじめている。かわいそうな人もいるのでは？
・食料備蓄や土地の奪い合いによる争いがはじまっている。安心して暮らせてはいないはず。

q（目標に迫る問い）：弥生時代には人々の暮らしにどのような変化があっただろう。
（よい点と課題点に分けてまとめてみよう）

A（子供のまとめの例）：弥生時代は、よい変化とそうでない変化があったと思います。なぜなら、食料は安定したけど、それを奪い合う争いも起こっていったからです。人間の欲望が争いを起こすんだと思う。
弥生時代は、みんなが集団で協力しながら暮らしている印象があってよい社会になった感じがしたけど(よい点)、集団には指導者が必要でそれによって身分が生まれてしまう。社会に階層ができると下のほうの人々が苦しめられることが多い(課題点)。

どうやら対話を通して子供の考えが変わることをねらっていたようです。しかし、実際に考えが変わった子供はほとんどいませんでした。

この授業の目標は、「弥生時代の特徴を多面的に考える」でした。この「多面的に考える」に向かっていくのならば、授業の最後に次のように投げかけていたら、目標の実現に迫れたのではないでしょうか。

「立場に分かれて話し合ってみて、弥生時代にはどんな変化があったのかわかっ

資料5　目標の実現と「Q→A」の関係

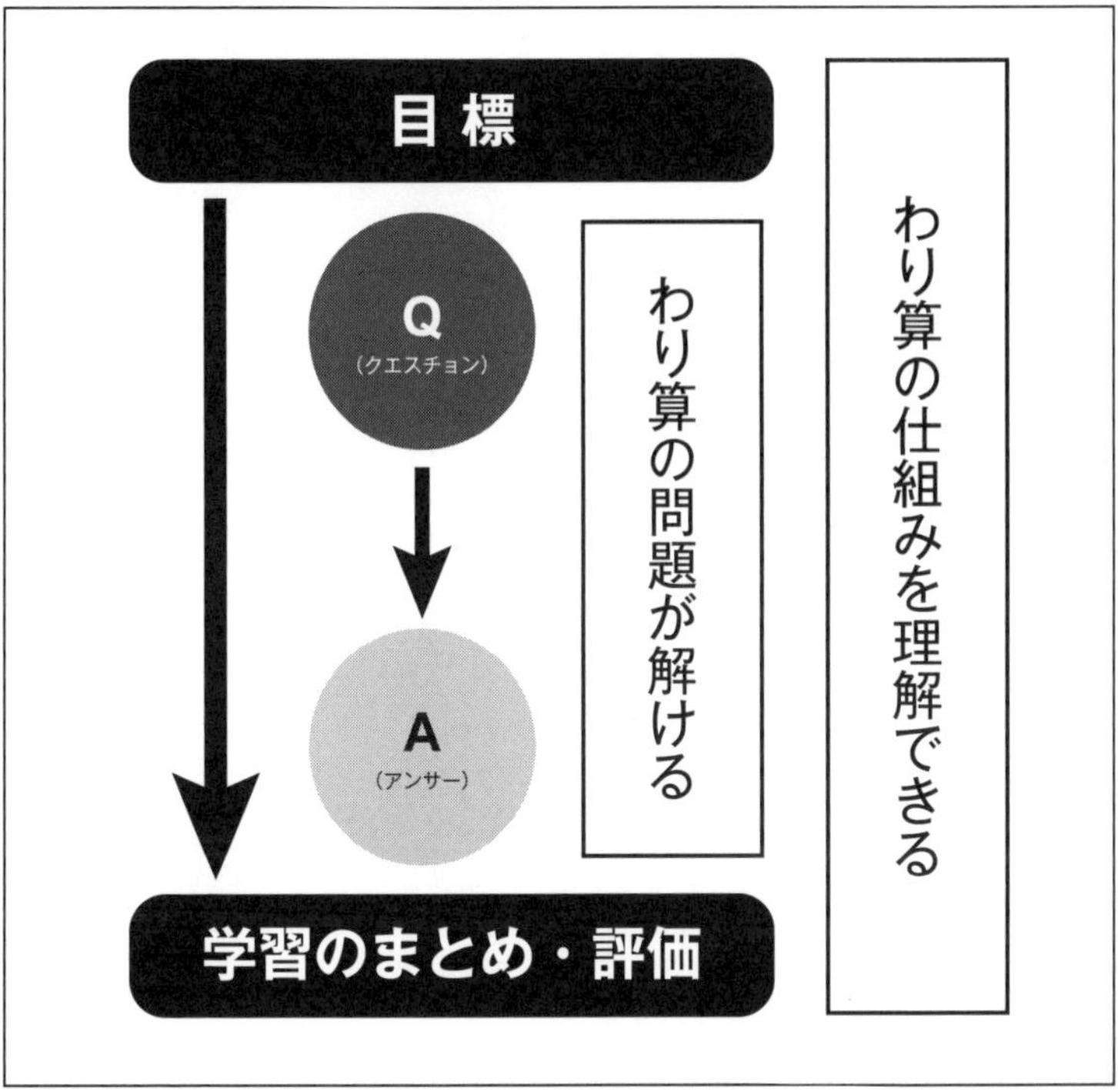

た？　黒板を見ながらまとめてみよう」

この授業は、**資料4**の構造になっているはずです。

さて、この二つの授業に共通することがあります。それは、目標の実現と「Q→A」の関係把握が不足していることです。**資料5**を見てもらえるとわかるように、目標とクエスチョンの関係はイコールではありません。

算数の例で考えればよくわかります。**正しい答えを書けたからといって、それだけで本時の目標が実現し**

たことにはならないのと同じです。だから、「学習のまとめ」が必要なのです。
このことに気づければ、きっと授業がいい方向に変わっていくでしょう。

クエスチョンの構成

ほかにも、こんな授業がありました。

自然災害の避難所に指定されている小学校に貼る看板。その看板には市がつくったマーク」が書かれています。そのマークには、「津波」「土砂災害」「大地震」などいくつかあって、そのなかのどれかに「×」が付いています。

このことからわかることは、たとえば次のことがらです。

「A小学校は海沿いにある。だから、津波のときは避難しなくてはならない」

「B小学校は山の後ろに位置している。だから、土砂災害のときは避難できない」

つまり、各小学校がどのタイプの災害に向いている避難場所なのか（あるいは、向いていない避難場所なのか）を、市がマークを使って地域に知らせていることを学ぶ授業でした。

この授業の問いは、「なぜ、かんばんの内容が違うのだろう」です。

授業が進んでいき、「ではなぜ、いらないマークに×を付けたのか」と揺さぶりの問いを挟んで、市の意図に迫りながら学習が深まっていきました。最終的に子供たちがまとめたアンサーは、「避難所が何に対応しているか、見た人が一目でわかるようにするため」でした。

　このとき、私は「あれ？」と思いました。確かに、一見すると問いに正対したアンサーです。しかし、〝そのアンサーで本当によいのだろうか…。「一目で違いがわかるようにするため」でよいならば、洗濯マークだってよいことにならないか…〟私の目には、子供たちの理解に深まりが感じられないアンサーであるように感じたのです。

　本時の目標は、「市が、人々の安全を守るために、地域の地理的環境の特徴に応じて起こりやすい自然災害を分析し、マークを使って表示の内容を変えていることを理解する」でした。

　それに対して、子供たちが自分たちの表現を通して、その目標の実現に迫るためには、どうすればよかったのでしょうか。それは、クエスチョン（問い）を複数の構成で考えてみることです。

　まず、「なぜ、かんばんの内容が違うのだろう」という問い。これはきっかけを与える問いです。違いに着目して看板の内容に目を向けられるようにするためのものです。

　それを受けて「市はかんばんで何（どのようなこと）を伝えようとしているのだろう」といった目標を意識させる問いが必要になります。これこそ本時の問いになります。その問いに対して次のような予想を引き出します。

「『どこに避難すれば安全か』ということではないか」（安全表示）

「『その学校の地域はどんな災害が起こりやすいか』ということではないか」（危険表示）

次に、「では、本当にそうなのか調べてみよう」などと促しながら、「市は何を調べて内容を変えたのだろう」という問いを投げかけます。これは、表示の内容と自然環境との関係に着目させる問いです。同時に、住民の側から行政（市）の側に視点を転換させる問いになります。

そこからもっと学びを深めていくならば、次のような意味を考えさせる問いがあってもよいでしょう（こうした問いは、教師の発問になることが多いと思います）。

「市が表示の内容を変えると、私たちの生活や行動にどんな影響があるだろう」

「かんばんの内容を変えて住民に何を伝えようとしてるのだろう」

これらを図解すると**資料6**になります。実際の授業と改善案を比べてみるとよいでしょう。

ただ、誤解されると困るのですが、ここで紹介した三つの実践は、いずれも指導力のある教師による、問題解決的でよい授業でした。細かな発問もあり、子供に任せながらも丸投げにしない授業です。しかし、新学習指導要領の全面実施に向けて、授業をより改善していこうとするとき、**「クエスチョン（問い）を顕在化させて目標との関係を考え**

資料6

（目標）　市が、人々の安全を守るために、地域の地理的環境の特徴に応じて起こりやすい自然災害を分析し、マークを使って表示の内容を変えていることを理解する。

実際の授業

Q：なぜ、かんばんの内容が違うのだろう。

↓

q：なぜ、いらないマークにわざわざ×をつけたのか？

↓

A：避難所が何に対応しているか、見た人が一目でわかるようにするため。

改善案

q（きっかけの問い）：
なぜ、かんばんの内容が違うのだろう。

↓

Q：市はかんばんで何を伝えているのだろう。
（予想）危険性、安全性

q（予想に基づく問い①）：
市は何を調べて内容を変えたのか。

q（予想に基づく問い②）：
市はなぜ×を付けたのか（危険性？）。

↓

q（目標に迫る問い）：かんばんの内容を変えることで私たち住民に何を伝えようとしているのだろう。

↓

A（子供のまとめの例）：
市は、その地域の環境を調べて自然災害の起こりやすさを考え、避難しても安全かどうかをかんばんで私たち住民に伝えて、住民の安全を守ろうとしている。

る」ことが、今後特に重要になってくるのです。

初発の「なぜ」だけでは目標に向かっていかないときには、「学習のまとめ」を見据えた「サブとなるエンジン」（問いや活動の示唆など）が必要です。

クエスチョン（問い）が不足すると、子供たちは自分が辿るべき思考のプロセスに踏み出すことができません。「いきおい教師自らがアンサーを口にしてしまう」「アンサーに辿り着く見通しのないまま、延々と対話を継続して授業時間を費やしてしまう」これでは、期待されるアンサーに辿り着くことはできないのです。

他方、闇雲に問えばいいということでもありません。効果のあるクエスチョン（問い）は、問う内容もさることながら、問い方も重要です。教師側からの一方的な問い、前後の脈絡のない唐突な問いとならないような工夫も必要です。「揺さぶり」「問い直し」など、様々な問いのスタイルを研究してみるとよいと思います。

FAQから学ぶ

FAQ（よくある質問と回答集）という表現は、いろいろなところで見かけます。このFAQはよくできているものが多いと思います。なぜかというと、Qが精選されており、必要な事柄が網羅されているからです。

ここで、ある薬品のFAQの「Q」を抜き出してみます。

Q1　一番の効能は何ですか？
Q2　服用するときに気をつけることは何ですか？
Q3　いつ服用するのが一番よいのですか？

Q４　副作用にはどのようなものが考えられますか？
Q５　消費期限を過ぎるとどうなりますか？

これらのQに共通することは、既にQの段階からAの内容を理解するための説明がスタートしているということです。逆に言うと、Qをとばして、Aの内容だけを読んでも何の説明なのかわかりません。つまり、「まずQの説明があり、AがQの内容を引き取るからひとつの説明が完成する」という構造になっています。だから、説明の内容がすっと頭に入ってくるのです。

このQとAとの関係を念頭に置きながら、実際の授業を見ていると、黒板にAやそのことに関わる情報はたくさん書かれるのですが、Qが書かれることが少ないことに気づきます。

特に、複数の教室を「わたり」で見て回る私のような者にとっては、Aの関連情報がたくさん並んでいるのに、それに対応するQがあまり書かれていないので、どう理解したらよいのかわからないことがあるのです。

「どんな特徴か」「なぜ必要か」「何を表しているか」などと、Qが端的に書かれ、その下に子供の意見や調べた事実が書かれていたら、どんなにわかりやすいだろうと思います。これは、子供にとっても同じではないでしょうか。

バンバン発言する子供はともかくとして、発言の少ない子供たちも、板書を見つめながら考えています。これも主体的に学ぶ姿勢のひとつだといえるはずです。その子たちにとってわかりやすい板書になっているか…こうした点から、QとAの関係を見直してほしいと思います。

授業を構成する要素

昔から授業は、「子供」と「教師」と「教材」の三角形で成り立っていると言われます。図にすると**資料7**のようなものでしょうか。相互を矢印で結ぶと、六つの矢印が書けます。この矢印一つ一つの意味を考えてみましょう。

①「教材から子供へ」の矢印

これは、その教材はどんな学習内容を子供に届けるかというベクトル。

②「子供から教材へ」の矢印

これは、子供たちはその教材にどのような反応を示すかというベクトル。興味をもつか、自分から進んで取り組もうとするかなどを表している。

③「子供から教師へ」の矢印

資料7　授業を構成する要素

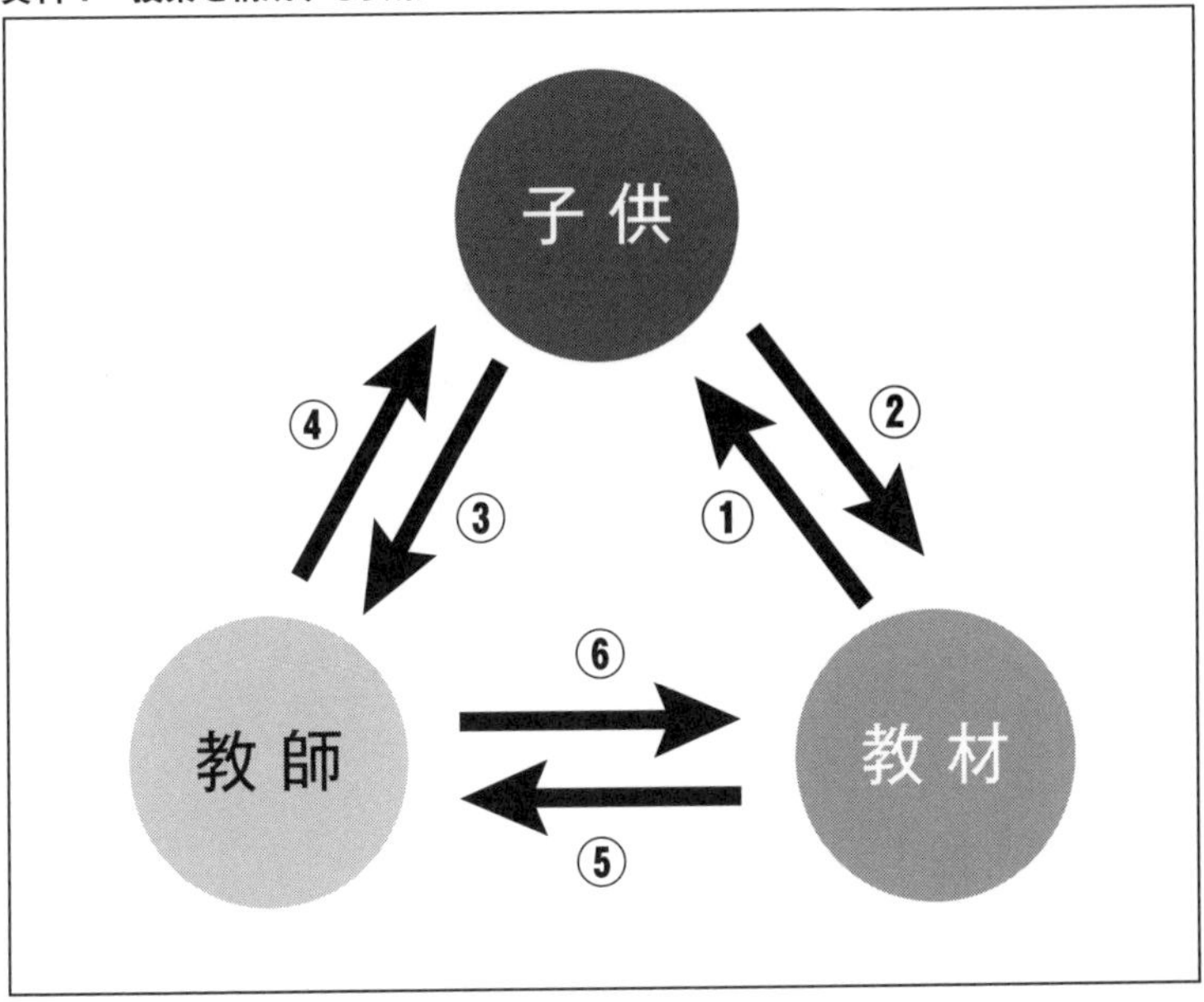

これは、子供たちが教師の指導をどのように受け止めているかというベクトル。教師を信頼しているかととらえてもよい。

④「教師から子供へ」の矢印

これは、教師が子供たちの実態や学習状況をどうとらえているかというベクトル。

⑤「教材から教師へ」の矢印

これは、その教材によって教師の指導はどうなるか、どう変わるかというベクトル。教材自体のもつ価値といってもよい。

⑥「教師から教材へ」の矢印

これは、教師はその教材をどのように解釈するか、調理するかというベクトル。学習指導要領の内容にどう関連づけるか、どのような指導につなげるかととらえてもよい。

いずれのベクトルも、「子供」「教師」「教材」の三つが結びついてはじめて授業が成立する構造になっています。そして、この結びつきを確かなものにする役割を担うのが、学級経営と教材研究です。だから、この二つは授業に欠かせないのです。

授業における学級経営の重要性

学校教育では、子供たちが一定の集団をつくり、教師がその集団を指導します。そのため、第一義的には教師が指導するための集団である必要があります。個々の子供たちは、一つ一つの学習活動を通して生かされますが、その根幹となるのが「よりよい集団」であり、それがあってはじめて成立します。この重要性が最近忘れられつつあるように感じます。

子供はそれぞれ多様で個性的です。そうした個性を生かす（一人一人が活躍できる）授業づくりが大切であることは、これまで述べてきたとおりです。その前提となるのが、教師の明確な指導意図と子供たちの反応する力です。そのための集団づくりです。

もし、これらの前提条件が担保されないまま、ただただ個性が大事だとばかりに子供たちを個々人として完全に切り分けてしまえば、集団から切り離された多様性が前面に出てきてしまうでしょう。すると、指導がままならなくなります。

もしも、こうした多様性にすべて対応しようとすれば、教師のほうが子供についていかざるを得なくなってしまいます。それは、どれだけ優れた教師であっても不可能なことではないでしょうか。

集団への帰属意識が欠けた多様性に際限はありません。40人いれば40通りです。どれだけ緻密に、どれだけ細心の注意を払っても、必ず隙間が生まれます。そのため、延々と仕事を切ることができなくなってしまうのです。

発想が逆なのです。「教師が子供についていく」のではなく、「子供が教師についていく」ようにすることが大切なのです。いかに子供のほうが教師の表情や言動に注意を払って学びの道を歩めるようにするか。その上で、支援が必要な子供たちを見極め、即座に助けにいく。これが集団を指導する要諦だと私は思います。

1　教師の役割

（誤解を恐れずに述べれば）昔から行政には「権力行政的な役割」と「サービス行政的な役割」の双方があると言われています。学校教育もしかり。

権力行政的な役割とは、決められたことをしっかりと伝えていくということです。一方、サービス行政的な役割とは、国民のニーズをとらえて満足感を与えるということであり、顧客サービス的な側面をもっています。

ここで、まず考えたいことは、権力行政的な役割、つまり「教師のやるべき責務は何か」ということです。権力という言葉は強いですが、「関係が教育する」と言われているとおり、相手あってのことですから、教師と子供との関係づくりが前提となります。

次に考えたいことは、サービス行政的な役割です。

もし、子供や保護者、地域に喜んでもらう、満足してもらうといった、相手のニーズや声を受け入れていくサービス行政的な発想がないと、「とにかく、私はちゃんと教えました」などといった態度をとってしまい、保護者や地域との軋轢を生む火種ともなりかねません。

ただし、ここで言う「サービス」とは、民間企業でいうところの消費者サービスとは別物です。望ましい権力行政が機能するための材料として、子供たちのニーズがあるという関係です。この関係性がないと、（教師が一方通行で押し込もうとしても）教師の言葉は子供に届きません。ここが、消費者ニーズと子供に対する教育的ニーズとの決定的に異なる点です。

こうしたことを踏まえ、まずは権力行政的な役割に注目し、教師が子供に何を伝えるべきかを考えてみましょう。

たとえば、人の表情を見ることは、コミュニケーション上で大切なことです。子供が教師の表情を読み取ることができないと、教師が顔を真っ赤にしていくら怒っていても、子供は平気で授業中に騒いだり、立ち歩いたりします。子供の視界に教師が映っていないからです。こうしたことは、教師が自分の表情を意図的に子供たちに見せていないことから生じます。

だから、私は「教師は表情豊かにし、その教師の表情を読み取れる子供にする」という意図をもって子供に接したほうがよいと思います。もちろん、教師の顔色ばかり気にする子供を育てようと言っているのではありません。子供が学級の状況を把握し、安心して過ごせるようにするために必要な「他者意識をもたせましょう」ということです。これが、相手の気持ちを推し量れるようになるための第一歩です。

表情豊かであるということと、本音の感情を見せることとは別です。両者を分けるのは、演じるという教育的視点です。表情豊かに演じて、子供をその気にさせるのです。

教室には、公正な秩序を守る役割を担う者が必要です。それができる唯一の存在が教師です。そうであるならば、常日頃から、教師である私はどのようなときに「笑い」「喜び」「叱る」のか、一貫したパターンがあることを積極的に子供に見せていくことが必要なのです。

2　教師の手の内は子供に見せてしまう

「指導基準や判断基準といった教師の手の内は、さっさと子供たちに明かしてしまったほうがいい」というのが私の考えです。具体例としては、「子供によって褒め方、叱り方などの接し方は変わる」（指導の仕方が異なる）ことを子供に伝えることが挙げられます。

子供は、「えこひいき」をとても気にします。教師の声のかけ方や注意の仕方が子供によって違いがあると、（自分が当事者でなくても）過敏に反応します。教師と子供の信頼関係を損ねるきっかけともなるものです。子供は、性格差や肉体差、その子によって異なる事情を度外視して、量と質の平等に固執するからです。

子供たちも本音では、自分を誰よりもひいきしてほしいのです。でも、そんなことは無理だとも承知している。だから自分以外の誰かへの教師の厚遇を看過できないのです。逆に言えば、理屈では「『えこひいき』なんかではない」ことがわかっているのです。

こうした思いを酌んで、「場面の状況、その子の普段の生活ぶり、あるいは事の重要さに応じて、注意の仕方は変わる。そして、それは決して『えこひいき』なんかではない」ことを、年度のはじめに伝えてしまうのです。そのうえで、教師の対応の仕方が子供によってなぜ変わるのかを考えさせます。

また、子供たちは「うそ」にも敏感です。

帰りの会。「明日はプールがあるから水着を忘れないようにね」と伝えた翌日、曇り空で気温が上がらずプールに入れない、こんなことはよくあります。仕方ないから、「これではプールは無理だね。体育館に移動しよう」と言うと、「先生、今日はプールだって言ってたじゃん」と跳ね返してきます。

しかし、もし事前に「その日の天候などの状況が満たされなければ中止になる」という約束事を伝えておいたらどうでしょう。「先生がうそついた」とはならないはずです。こうした例はほかにもたくさんあります。これも、子供との信頼関係を築くポイントです。

このように、あらかじめ教師は自分の指導や判断の基準を子供に伝えることが大切です。子供によって教師の対応の仕方が変わる理由を、誰の目にもわかるようにしていくのです。すると、(徐々にですが)「私とあなたは違う。でも、それは当たり前のことなんだ」と子供同士、お互いの違いを認められるようになっていきます。その結果として、子供自身が自分なりの解釈や判断を行うことができるようになり、子供たちが集団の秩序を支えてくれるようになるのです。

3 子供に判断基準をもたせる

子供たちは、よく「先生、~していいですか」と尋ねてきます。この質問への回答は教師に委ねられます。普通に考えれば、教師側の判断基準で「いいよ」「だめだよ」と答えていると思います。

それが悪いわけではないのですが、私は「いいと思う？　だめだと思う？」とあえて聞き返すことをおすすめしています。子供が「いいと思う」、あるいは「悪いと思う」と答えたら、続けて「なぜ、そう思うの？」と問いかけます。そうすれば、子供のほうから自分の思っていること（自分なりの判断基準）を述べてくれるでしょう。

そもそも、「〜していいですか」と尋ねてくる子供は、（教師に聞くまでもなく）心のなかでは自分なりの答えを既にもっていて、それが正しいかを確認するために聞いてくることが多いのですから。

このような問い返しを続けていると、子供たちの尋ね方が変わってきます。

「先生、〇〇だから、〜していいですよね？」

「先生、〇〇だけど、〜してもよいですか？」

などと、自分なりの判断を加えて尋ねてくるようになるのです。

もし、子供の側の判断基準を聞いたうえで不足していることや気をつけることがあれば、「そうだね。でも△△になったらやめようね」「いいんだけど、◇◇に気をつけないとね」と言い足して、判断基準をより確かなものに成長させていくようにします。

こうした積み重ねが、権力行政的な役割を支える教師と子供との関係を、より確かなものにしていきます。

4　子供たちのニーズにどのように応えるべきか

次に、サービス行政的な役割に注目して、子供たちのニーズにどのように応えるべきかを考えてみましょう。

「子供の思いや考えを常に聞き取る姿勢」が学級経営のベースとなります。聞き取りは、口頭でも何でもかまわないのですが、後の指導に生かすことを重視するならば、やはり紙に書かせるのがよいでしょう。

一口に書かせるといっても、学期ごとの目標カード、振り返りカード、教師との交換日記など、様々な手法がありますが、重要なことは、具体的な視点をもたせて書かせることです。

一例を挙げれば、「自分がいま一番がんばっていること」「これからがんばりたいこと」など、いまの自分への自己評価やこれからの目標を視点とします。そのなかに「先生に望むことは何か」といった教師に向けた要望を混ぜ込んでおきます。

また、「どんな学級になってほしいか」「よいクラスとはどんなクラスであると思うか」について書かせることで、集団への帰属意識をもたせることができます。これは、学級目標などを決める際の基礎資料ともなります。

ほかにも、子供にいまの自分の友達関係を見つめさせたり、時には「悲しい思いをしている子に気づくことはないか」など、いじめ等の課題について子供目線からの情報を収集することも考えられます。

教師はこうした情報収集を継続的に行い、一人一人の子供の状況やその変化を把握します。必要に応じて直接話を聞いたり、別の視点から書かせたりすることも心がけます。

いい授業は、このような取組を通して集めた情報をよりどころとする子供理解があってはじめて成立します。これが、「権力行政的な役割」と「サービス行政的な役割」双方のバランスをとる基本となります。

子供たちのニーズをとらえて満足感を与える役割とは、子供一人一人バラバラの願いを叶えることではありません。集団のなかで子供が安心して学校生活を過ごせるようにすること、自分らしい力を発揮できるようにすることにほかなりません。そのための集団づくりです。このように、教師の指導を通して、子供たちの思いや願いを誘《いざな》うことが大切なのです。

5　これらの時代に求められる集団づくり

1～4までにあげた「教師の役割」が発揮される集団づくりには、具体的にどのようなものがあるでしょうか。私は、特に次の3点を挙げたいと思います。

(1) お互いの成長を喜び高め合える集団づくり―資質・能力は面積の広がり

学級の学力向上というと、「一人一人の子供の学力が向上した結果として、最終的に全体（集団）の学力（平均）が底上げされる」というイメージをもつ方は多いのではないでしょうか。確かに、ロジックとしては正しい見方だと思います。しかし、その考え方では、思ったほどの底上げにはつながらないように思います。

学級集団には、理屈だけでは説明のつかない子供同士の「知の相互作用」があります。それが学び合いによる相乗効果です。「かかわり合いながら補足し合い」「助け合いながら集団全体が育っていく」というイメージで、**「集団の学力を高めることが、個々の学力向上につながる」このように考えたほうが、より望ましい結果を期待できる**のです。

この考え方は、「なぜ、学校という場所があって、わざわざそこにみんな集まるのか」という問いに対する答えでもあります。すなわち、「学級の子供たち一人一人が自分の力を出し切り、みんなで力を合わせて問題を解決する」という目標に向かって、**友達と影響を与え合う、力を足し合い掛け合うことによって、一人では決して到達できない学びが生まれる**ということです。

個の力をよりどころにして集中し、自力で学ぶことも、もちろん大切です。しかし、個々の力が合わさるとすごい力になる。学級に限らず、優れた組織は、みなそういう相乗効果を重視しています。

特に、（学校教育において）集団のなかで学ぶことの意義は、様々な視点や方法、考え方が合わさって、知識が深く意味づけられたり技能が洗練されたりしていくことにあります。そうした、より高次へと向かう交流型の学習は、みんなが伸びる余地のある問いによって形成されます。

多様な方法や解を許容し、「こんな見方もあるのか」という気づきの連鎖が、結果的に誰も思いつかなかった第三の結論を生み出し、そうした学び合いが、集団の力として蓄積されていくのです。そのような意味で、「資質・能力が育まれた姿」とは、棒グラフのような縦への伸びではないように思います。波紋のように広がっていく面積の広がりだととらえるほうがしっくりくると思います。

こうした集団づくりのためには、お互いの違いを認め合えることもさることながら、成長を認め合ったり喜び合ったりできる関係性の構築が大切です。教師が子供の状況をよく把握し、その表情をしっかりと他の子供たちに見せる。そうした教師の関わり方ひとつで、認め合い喜び合える風土が醸成されていきます。

(2) 一人一人に居場所（役割）がある集団づくり

（繰り返しになりますが）子供たちがもっている能力は多種多様です。それに対して、社会的要請として学校教育が担うのは学力の向上であり、それを担保するのが授業です。

そのため、学力との相関が強い能力、授業を受ける能力の高い子が有利になるのは間違いありません。

言い換えれば、（額面どおりに考えれば）どの子も同じ場面で同じように活躍できるわけではないということです。子供たちだって、いやというほどわかっていることです。だからこそ、教師はどの子も活躍できるようにすることが重要なのです。

一口に活躍するといっても、みんなの前で正しい意見やいい発想で発言できることだけではないし、授業の同じ場面でなければならないというわけでもありません。

1時間の授業のなかでも、導入段階の教師による情報提供に対し、感覚的ではあるものの活発に反応する子供もいれば、他の子供の発言に対しておもしろい発想でつぶやく子供もいます。論理的な説明を得意とする子供もいるし、人の意見をよく聞き、発言はしないもののたくさん記述する子供だっています。

こうした子供一人一人の能力特性を踏まえて彼らの生かし方を考え、授業のどの場面であれば活躍できるか、彼らに適した役割を割り当てればよいのです。目指すべきは、子供自らが自分の役割を意識し、自信をもって学習活動に挑んでいけるようにすることです。

他方、それぞれの役割が固定的にならないようにする配慮も必要です。役割の固定化は、（最初はうまくいっているように見えても、いずれ）教師と子供、あるいは子供同士の関係性をいびつにします。本来役割であるはずのものが、レッテルにすり替わってしまうことがあるからです。それを避けるためにも、まずは「○○専門家」と称するなど、子供の居場所づくりための取組だという趣旨から外れない一貫性と、状況に応じて役割を変える柔軟性が必要となります。

(3) ルールを修正・変更しながら目標に向かっていける集団づくり

学級には、集団の秩序を保つためのルールが必要です。その一方で、ルールには「どう解釈するか」「状況の変化にどう応じるか」という点にむずかしさもあります。

大切なことは、ルールの中身そのものよりも、「何のためのルールなのか」目的や目標を子供同士で共有していることです。たとえば、「みんなで力を合わせて問題を解決する」「一人一人が安心して過ごせる学級をつくる」といった目的・目標であれば、ルールを修正・変更する際にも、合意形成を図れる集団となります。

（先述のように）教師は、指導や判断の基準を子供に伝えることが大切です。それとともに重要なことは、教師の示した基準をもとにして、子供自らが状況に応じて自立的・自律的に判断できるようになることです。

そのためには、日頃から基準を示すたびに問いかけ、その場その場で子供に判断させるトレーニングが必要です。もし、ルールそのものが絶対的なものであるかのように子供が誤認してしまえば、本来彼らのためにあるはずのルールによって、子供同士が互いを縛り合うようになってしまうでしょう。

もちろん、なかには「人のものを盗んではいけない」「信号を無視してはいけない」といった法令上定められたルールもあります。あるいは、「いじめをしてはいけない」「命を蔑《ないがし》ろにしてはいけない」といった、明文化されていない不文律もあります。これらは決して変えてはいけない不易のルールです。いくら集団における合意形成が大切だといっても、何でも変えられるわけではありません。

ですので、ここで重視したいことは、目的や目標を共有する、力を合わせてそこに向かっていくために必要なことを、みんなで考え合える集団を形成するためのルールづくりにするということです。

「学級経営は、いい授業を成立させるための土台である」

この考え方は、工場の生産管理のような生産性向上とは対極にある学校教育にあって、数少ない真理のひとつだといってよいでしょう（「学級における集団づくり」について詳しくは、拙著『学級経営は「問い」が9割』東洋館出版社、2016年3月を参照）。

学習評価を考える

子供の学習状況を評価する、いわゆる「学習評価」（以後「評価」といいます）は「むずかしい」「面倒」だと考える教師は多いようです。その理由の一つに「何を材料にして、どのような方法で行えばよいか」がわかりにくい点にあります。

この点の理解を深めるためには、順序よく考えていく必要があります。「目的」→「方法」の順です。

まず評価の目的について考えていきましょう。大きく分けて、次の二つがあります。

一つは、「次の指導に生かすため」です。

言い換えると、「子供の学力を高めるためにその子の学習状況を把握し、次（その後）の指導に生かす」ことです。そのために観点別に分析して詳しく見取るようにしているのです。この目的が、評価の基本となる考え方です。また、学校全体としての取組という視点で考えれば、教育課程や指導方法の改善に生かすことにもつながります。

もう一つは、「記録に残すため」です。

言い換えると、「指導した結果（子供たちの学習成果）を、記録材料として『表簿①』などに残す」ことです。

実際上は、当該学年の教育課程を終える学年末に、子供がどの程度の学力を身につけたかを学習成果として記録します。この記録されたものを「評定」といいます。ほかにも、(法的根拠はありませんが)いわゆる「通知表」も、記録(評定)するための文書の一つだと言えるでしょう。

これらのことを整理してとらえれば、「評価は、子供たちを育てるためにある」ことだとわかります。すなわち「はじめに記録ありき、評定ありきではない」ということです。

しかし、このように書くと、「そうは言っても…」と違和感を覚える方もいるかもしれません。「それはあくまでも大義名分みたいなもので、少なくとも子供や保護者にしてみれば、(『C』や『1』などとつけられるのだから)定量的な数値化(序列化)以外の何ものでもないんじゃないか」という受け止めです。

確かに、そうした側面はあるでしょう。実際、「指導に生かす」といっても、時間的・物理的な限界もあります。

日本の教育課程は年齢主義をとっており、1年というタームで学習内容が切り替わります。つまり、年齢が上がるごとに、学習の定着状況や子供や保護者の思いがどこにあ

〈注①〉学校教育法施行規則第28条で定められていることから「法定表簿」ともいう。全部で7項目あり、評価結果を記録する「指導要録」はそのひとつ。

ろうと、自動的に進級しなければなりません。

また、各教科等ごとの単元数や配当時間は1年という期間を分割して割り当てるので有限です。そのため、理解に届かない子供がいたからといって、その子のために同じ授業を繰り返すことはできないのです。

ただ実際は、漢字の読み書きや九九といった「学習が定着していないとその後の学習についていけなくなる」場合には、放課後などの時間を利用して個別的に指導することはあります。しかし、それはあくまでも教育課程外の取組です。

このように言うと、「何を今さら」と当たり前のことを言っているように感じるかもしれません。しかし、その当たり前は、必ずしも万国共通の普遍的な当たり前ではないのです。

教育課程ひとつにしても、制度論上「年齢主義」だけではありません。ほかにも「課程主義」「修得主義」「履修主義[2]」等があります。「評価は子供たちを育てるためにある」と言いながら、「本当にそうなっているだろうか…」と疑問に思う気持ちが生まれる原因のひとつがここにあるのだろうと思います。

こうしたことを知っておくことは大切だと思います。そうであれば、「C」や「1」をつけざるを得ないときにも、「これ以上は指導に生かせないんだ。ごめんね」という謙虚な気持ちや、自分の力不足を省みる気持ちを自然にもてるようになると思うからです。

それともうひとつ、重要なことがあります。それは、「指導した結果を」という言葉には、「指導していないことは評価しない」という意味が含まれることです。

とかく教師は、あれもこれもと評価したがります。しかし、あれこれと詰め込めば評価対象が広くなりすぎて、結局は総花的で主観的な評価になります。そうではなく、**観点をしっかり絞り、評価場面や評価材料を明確に決めて、自分が指導したことの結果（子供の学び）を評価対象にする**ということなのです。ここに、評価を行うことの真のむずかしさと、教師が背負うべき責務があります。

〈注②〉中央教育審議会「義務教育に係る諸制度の在り方について」（初等中等教育分科会の審議のまとめ）平成17年1月より抜粋

［年齢主義］義務教育制度における「義務」の完了を認定するに当たり、年齢に達したならば自動的に義務教育は終了したと認めるものである。

［課程主義］義務教育制度における「義務」の完了を認定するに当たり、一定の教育課程の習得をもって義務教育は終了したとみなすものである。

［修得主義］当初は成績の評価・評定と深く関係付けられていた用語で、児童生徒は、所定の教育課程を履修して、目標に関し、一定の成果を上げて単位を修得することが必要とする考え方を指すものである。

［履修主義］当初は成績の評価・評定と深く関係付けられていた用語で、児童生徒は、所定の教育課程をその能力に応じて、一定年限の間、履修すればよいのであって、特に最終の合格を決める試験もなく、所定の目標を満足させるだけの履修の成果を上げることは求められていないとする考え方を指すものである。

参考文献：安彦忠彦・新井郁男・飯長喜一郎・木原孝博・児島邦宏・堀口秀嗣編『現代学校教育大事典6』１９９３年、ぎょうせい／安彦忠彦・新井郁男・児島邦宏編『新版・学校教育辞典』２００３年、教育出版

「もし何ももたずに指導に臨めば、何も見えなくなるのが評価だ」ということもできるのです。

「子供がすごい学習のまとめをした」、だけど「教師は何の指導意図ももっていなかった」では、評価することはできない（むしろ、してはいけない）のです。その「すごい学習のまとめ」は、その子がそもそももっている力の発現にほかならないからです。

部外者であれば「すごいね！」という褒め言葉でよいのでしょうけど、教師であればそういうわけにはいきません。次の指導につなげることができないからです。

ですから、**目標を定めて意図的な指導を行い、その指導の範囲（評価規準）で評価することが必要なのであり、だから「目標に準拠した評価」と言う**のです。

次は、評価方法についてです。大きく二つのポイントでとらえておくとよいでしょう。

一つは、「単元等を通して計画的に行う」ことです。

たとえば、**資料8**のような考え方です。目標を踏まえて観点別に評価規準を用意しておき、それをバランスよく指導計画に位置づける方法です。

教師は評価者である前に指導者です。1時間の授業を通じて子供の観察・評価ばかりしているわけにはいきません。そこで、1時間ごとの目標を明確にし、それに即した評価の観点を絞り込み、評価規準を基に具体的な子供の姿（表現内容など）を材料にして評価します。

ですから、評価規準とただにらめっこをしているだけでは適切な評価にはなりません。なぜなら、評価規準は目標に近い大人の表現で書くからです。だから、評価規準を作成する際には、子供の姿を想定しておくことが必要となるのです（資料9）。

資料8

○単元の評価規準

知識・技能	思考・判断・表現	主体的に学習に取り組む態度
① ②	① ②	① ②
【知・技】と表現	【思】と表現	【主】と表現

○単元の指導計画

		評価計画
課題把握		【主】① 【思】①
課題の追求・解決		【知・技】① 【主】① 【知・技】②
学習のまとめ		【思】② 【知・技】② 【主】②

「ワークシートには、こんな風に書いてくれればいいな」

「たぶんAさんはこう表現するな」

「○○という視点が入っていたら、おおむねOKだろう」

「Bさんにはヒントが必要かも」

などと、どれだけリアルな子供の姿を思い描けるかが勝負です。

資料9

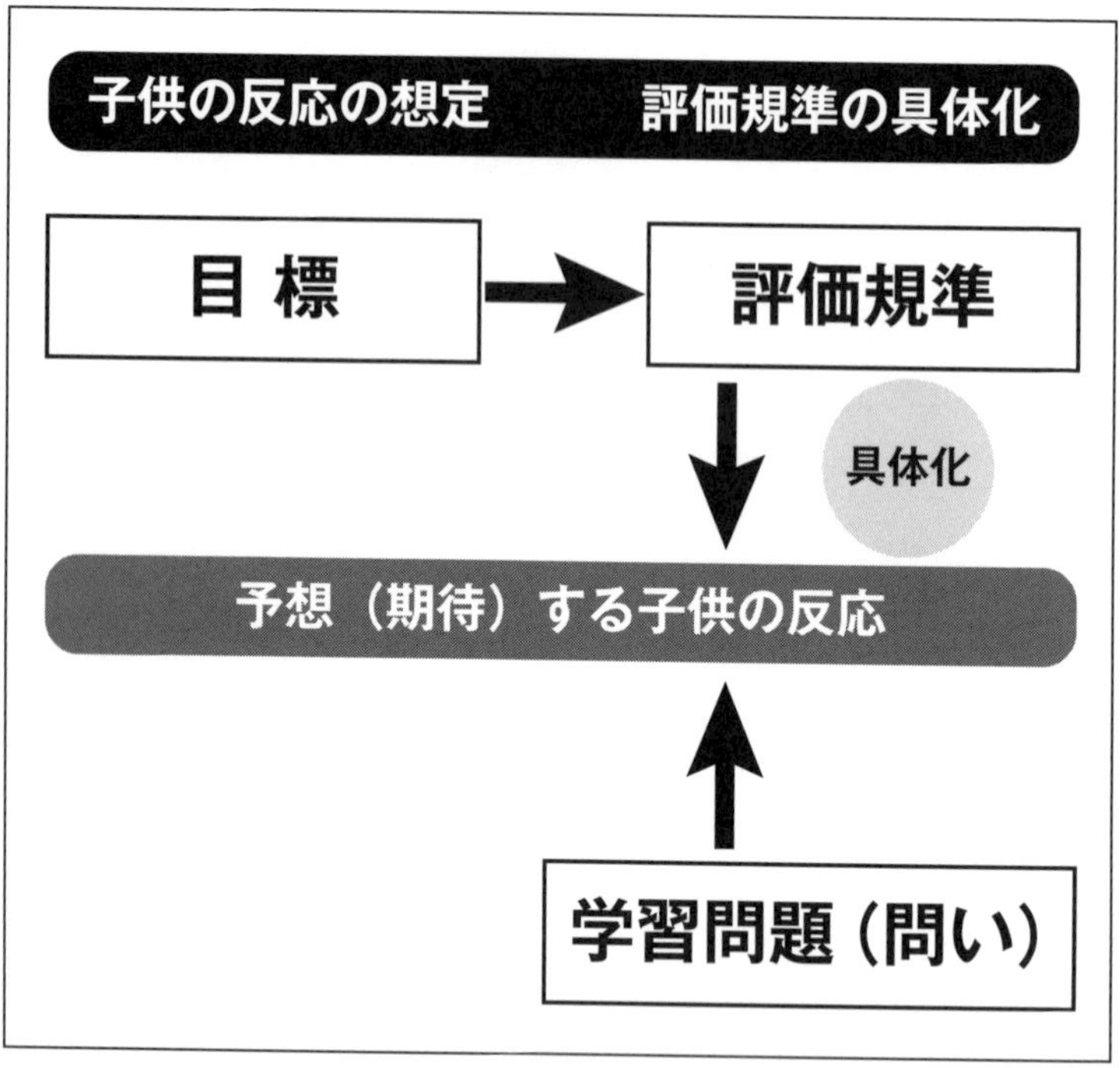

評価規準はストライクゾーンのようなもので、幅があり抽象的です。ですから、外角低めのボール、内角高めのボールなども受け取れるようにしておくことが必要です。そうでないと、ボール球を判定できません。

もう一つは、意図的に取りにいくことです。

子供は「理解を表現しよう」「思考を表現しよう」「関心・意欲を表現しよう」などと意図をもって発言したり書いたりしているわけではありません。あくまでも、教師の問いかけや指示に反応してリアクションしています。つまり、子供の頭のなかは、（教師側の論理である）観点別に分かれているわけではないということです。ですから、子供が偶然書いた内容を、後づけで評価の観点に紐づけようとしても無理が生じる（とってつけたものになる）わけです。

評価は、教師が目標を分析的にとらえ直すためのものであり、いわば指導技術のひとつです。ですから、教師は、意図的な問いかけを行ったうえで書かせることが必要なのです。

ペーパーテストを考えてみればわかりやすいでしょう。設問がなければ解答しようがないのですから。

「知識」を評価するのであれば「〇〇とは何ですか、説明しましょう」と問いかける、「思考・判断」を評価するのであれば「～では、何が一番大切か決めて書きましょう」「〇〇と△△はどんな関係と言えるか、あなたの考えを書きましょう」と問いかける、このように問いかけ（Q）に対応する答え（A）を書かせるようにすればよいわけです。

ほかにも、**資料10**、**11**のように、ワークシートなどを工夫して、意図的に「思考」の状況を記述させる（可視化させる）方法もあります。今後もいろいろな着眼点から研究を進めることが大切です。

現在、多くの学校で取り入れている「思考ツール」（ベン図、チャート図、ピラミッド図な

資料１０

町の東はにぎやかな感じ	？	調べた事実 ①会社が多い ②お店が多い ③交通が便利

Q：なぜにぎやかな感じがするのか、調べた事実から［？］の部分を文章で説明しよう。

（＊思・判・表で評価する）

資料１１

工場のAさん：私は　（＊「わかったこと」の記述をさせる）

に努力しています。

Q：このことから、自動車生産と私たちの暮らしはどのようにつながっていると考えられますか。

（＊「考えたこと」の記述をさせる）

ど）なども、思考のプロセスや獲得した知識の階層を可視化する特性があるので、評価資料を収集するための方法として活用することも考えられます。

評価が、育成を目指す「資質・能力」の実像を浮かび上がらせる

このように言うと、「それは逆なのでは?」と感じる方は多いかもしれません。「『資質・能力』が明確になるから評価できるのでは?」と。

この疑問に答える前に、まずは評価が成立するまでの流れをざっくり追ってみましょう。

教科目標や学年目標等をイメージして、育成を目指す三つの「資質・能力」を単元等の目標に落とし込む。

それを踏まえて評価規準を設定する。

さらに、実際の子供の姿を想定しながら、評価規準を満足させる具体像を描いて評価の網をかける。

この段階を経てはじめて、新学習指導要領の三つの「資質・能力」が、現場の先生方に届く、といえます。

逆に言えば、評価の研究や評価のための準備が整うところまでいかないと、あなたの、、、、目の前にいる子供たちにどのような「資質・能力」を育めばよいのか、その具体が明確

にならないということです。これが、「評価が『資質・能力』の実像を浮かび上がらせる」という意味です。
（繰り返しになりますが）教科目標や学年目標を論じるには、評価規準を作成する段階で子供の具体の姿を想定することが欠かせません。そうでないと、学びに向かう力だろうと、思考力だろうと、その具体のイメージは不明瞭で貧困になります。「事の本質は、後から見えてくる」ということもあるわけです。船のへさきと船尾のような関係です。前方の海原から船のへさきが現われても、（船尾が見えてくるまで）その船の実際の大きさはわかりません。これと同じことが、目標と子供の学ぶ姿においてもあります。距離と時間差があるのです。

カリスマ教師であれば、目標に掲げた文章を読み返しながら、「ああ、Aさんの学びはこんな感じになるだろうな」「Bくんの発言は、目標の実現に向かっていくな」などと、目標と子供の姿が、違和感なく即時的にフィットさせられるのかもしれません。

しかし、学習のスタート段階でそれほど明確にイメージできる教師はまずいません。ほとんどの力ある教師は、授業を進めながらより確かなものにするために、指導案を書きかえていくのです。

目標と子供の姿には物理的な距離があります。その距離を授業を通じてじわじわと縮めていくわけです。その結果として、子供一人一人の学習の実態が、時間の経過とともに見えてくるのです。

ここに、評価を行うことの本当の意味があります。**子供の学習状況を評価するということは、目標の責任を取るということ**なのです。

第3章

研究を通して学びを「深める」

ベテランになるほど、研究授業ができなくなる理由《わけ》

研究授業には、大きく次の二つの役割があります。

①研究授業当日の授業者や参観者の指導力向上
②授業づくり（教材、学習活動など）の方策の解明

まずは、授業者や参観者の指導力向上という役割です。

研究授業当日、授業者は自分の現在の力量を可能な限り発揮し、参観者からの意見や指導助言者からのアドバイスを受けます。参観者のほうは意見を述べながらも、自分の授業を振り返ったり比べたりしながら改善のヒントを得ようとします。つまり、授業者も参観者も、共に自分の指導力向上を意識しながら同じ場と時間を共有するわけです。

研究授業では、平素の授業と同じように、単元等の計画（複数の時間で構成）を作成しますが、一番フォーカスされるのは公開する1コマ（小学校なら45分、中学校なら50分）です。限られた授業時間に、自分の指導を通じて参観者に研究成果をどう見せるか、腕の見せどころといってよいでしょう。

もう一つの役割が、授業づくりの方策を解明することです。「教育内容にはそれぞれどのような特徴があり、どのような教材が適切か」「どんな課題や学習活動を設定することが効果的か」といった方策を共通の課題として、教職員間で揉みながら実践的につくり上げていきます。そのため、この場合には公開する1コマよりも、単元計画など授業づくり全体の研究が主軸となります。このように、研究授業には二つの側面があるわけです。

「研究授業」という文言は日本発祥ですが、近年海を渡り、「レッスン・スタディ」として盛んに取り組まれているようです。特に欧米の「レッスン・スタディ」においては、②の要素が色濃く、協働的に授業をつくり、改善案を中心に協議するようです。他方、日本の場合には、（学校組織内の年齢構成等を考慮し）①と②双方の側面を重視しています。ただし、（双方の役割を大切としながらも）時と場合によって、どちらか一方に軸足が置かれることもあります。たとえば、初任者など若手教師が行う研究授業の場合がそうです。

若手の場合は、授業者自身の指導力向上が主軸となるため、①の役割が色濃くなります。参観者のほうも、そのあたりは心得ていて、指導助言者としての目線を強めます。その結果、どうしても若手の資格審査、つまり力試しの意味合いが強くなります。「その若手教師の行った授業の何が課題なのか」が議論の中心となるからです。

それはそれで自然なことなのですが、気をつけなければならないこともあります。それは、（初任者や若手教師が授業者でない場合にも）「研究授業は、総じて授業の資格審査や教師の力試しの場」という印象（位置づけ）が強くなりすぎると、限られた人しか協議会で発言しなくなるということです。

特に、経験を積んだベテランほど口を噤《つぐ》みます。意外に思うかもしれませんが、力試し優勢の研究協議の場で、実際に周囲を見渡してみれば「なるほど、そういうことか」と納得してもらえると思います。

いったいなぜそうなるのか。それは、ベテラン教師と呼ばれるころには、（自分にどれだけ授業力があるかは別として）他者の授業を厳しく見る目に関しては磨かれています。そのため、他者の授業に対して下手に的確な指摘をしてしまうと、「自分の授業へのハードルを上げてしまうのではないか」と不安感が先立ちます。

要するに、「それなら、あなたはもっといい授業ができるのですね」と言われるのが、年を追うごとに怖くなるのです。これが、ベテランから手が挙がらない本当の理由であり、日本の校内研究が進展しにくい要因のひとつでさえあります。

だからこそ、資格審査や力試しのような雰囲気は、（単純にないほうがよいわけではなく）ほどほどがよいのです。むしろ、若手教師と同じように、ベテラン教師もまた研究授業にチャレンジできる雰囲気こそ望ましい。

実際、自分の授業を積極的に見せているベテラン教師は、自分の授業に対してはもとより、同僚や後輩の教師に対しても真摯で謙虚です。研究協議の場でもけっして威張ったり、上から目線でものを言ったりしません。

たとえ、指摘そのものは厳しい内容であっても、「先ほどそうは言いましたが、実は私もよくやっちゃうんですけど…」みたいな感じでものが言えます。なぜなら、ベテラン教師自身の胸の内に、他者からの批判の目にさらされる覚悟や準備があるからです。

そして、この点が特に重要なのですが、**ベテラン教師が自分の授業を見せることを厭《いと》わない学校は、（若手教師やミドル層も含めて）校内に本物の活気がある**ということです。

このようなベテラン教師には次の特徴があります。

- ●協議会の場で、若手のうちから継続的に手を挙げてきたので、発言することに抵抗がない。
- ●チームで研究を推進するというイメージをしっかりもっているので安心してできる。
- ●研究主任、研修推進委員という立場から責任をもって引き受けている。

こうした特徴のある教師がいる学校は、校内研究が充実します。それは次の理由からも明らかでしょう。

●若手教師が「自分もやらなければ！」と発憤する。
●みんなで目指す授業モデルをお互いにイメージできるようになる。
●他のベテラン教師も刺激されて積極的になる。

自ら積極的に研究授業を行うようにしていかないと、ますます自分の授業を公開できなくなるという悪循環にはまります。

先日も、ある研究協議会で出会った40代の先生の様子を見ていて、同じように感じました。そこで、「**先生、評論家みたいになってしまうと、自分の授業を誰にも見せられなくなりますよ**」とこっそり伝えてみたところ、ドキッとした表情をされていました。

＊

自ら積極的に研究授業を行い、周囲からの忌憚のない意見を身の肥やしにできる教師は、学び続ける存在としての資質が磨かれていきます。

（第2章でも述べたとおり）授業は、「教師」と「子供」と「教材」が有機的に結びついている生き物です。そうである以上、おそらく「ベスト」だといえる手法を発見することはできないでしょう。たとえどんなに優秀な教師であってもです。だから、私たちは「ベター」を求め続けるのです。それが、「学び続ける」ということの本当の意味です。

「ベター」を見つけるには、経験年数の長短によらず、（広い意味での）「指導方法」の研究が必要です。長く務めているから楽になるというものではありません。

「授業で勝負する」ことが私たち教師の矜持であり、「いまの自分の授業よりもベターな授業を模索する」ことこそが研究授業の営みです。若手であろうとベテランであろうと変わらない教育の世界の不易だといえるでしょう。

そのような意味でつけ加えておくと、ベターを求めて場数を踏むことは大切なことですが、ただ闇雲に本数をこなせばよいというものでもありません。「やりっ放しの研究授業」では、ベターな授業を模索することにはなりません。教育の世界では、「下手な鉄砲は、数を撃っても当たらない」のです。

自分たちのために必要な（学校の）キーワードを

学習指導要領改訂の審議を通じて、（今回の改訂に限らず、歴史を紐解けば「大正新教育」「コア・カリキュラム」「合科学習」「個性化教育」「新学力観」「問題解決学習」「生きる力」などなど）文部科学省はこれまでさまざまなキーワードを発信してきました。そして、今回の改訂では「主体的・対話的で深い学び」を打ち出し、「授業改善の視点である」と説明しています。

それ自体は重要なキーワードであることに違いありません。ただ気がかりなのは、（どのようなキーワードであれ）国が主導的に決めた教育現場が従うべき普遍の真理、あるいは全く新しい価値が打ち出されたと受け止めることです。

教育課程行政の使命は、教育界の情勢を俯瞰しながら、これまでの歴史的経緯や時代ごとの社会的要請を踏まえ、教育現場の抱える課題に応えることにあります。そのための学習指導要領です。

このような観点から考えれば、学習指導要領で使われる言葉は、常に教育現場と共にあり続けてきたといえます。すなわち、教育現場で大切にしてきた姿（不易）や、時代の要請によって求められる教育課題を解決する姿（流行）をイメージしたものだといえるのです。

見方を変えれば、**「深い学び」など言葉としては目新しいものであっても、これまでに教育現場が大切にしてきたことの再定義や概念の整理、要素の組み替えや着眼点の変更であって、「教育界にこれまで全く存在しなかった新しい何か」ではない**ということです。ここで重視すべきは、「主体的・対話的で深い学び」が打ち出された背景や考え方なのであり、キーワードそのものに翻弄されないしたたかさが必要です。

そのような意味で、（学習指導要領の全面実施を控えている時期でもありますから）もうそろそろ抽象的な表現から卒業したほうがよい時期に来ているとも思います。本書では、「授業改善の視点は、自分の授業改善の視点」と言い換えているのもそのためです。教師は、自分の授業改善の視点を見いだせれば、個人作業としての授業改善に取り組みはじめます。しかし、個の才覚にのみ立脚すれば、独り善がりの改善になる怖れもあります。だから、教師同士で学び合う校内研究が必要になるのです。お互いの授業改善の視点をもち寄って、比較したり、広げたり、集約したり、共有したりすることができる場だからです（詳しくは第1章の冒頭「自分の授業を見つめる第三者的目線」を参照）。

三つの資質・能力に着目した研究

新しい学習指導要領は、資質・能力の改訂だと言われますが、本質的に言えば目標の改訂だったといえます。さらに言えば、「その教科はどんな子供を育てるか」を明らかにする改訂だったといっていいでしょう。

このことを踏まえれば、「各教科等の目標がグーッと教育現場まで入っていく」「授業ベースでは、子供の姿を基にした評価規準を描く」、そこまでいければ「一番大事なキーワードである『学び』が明確になる」のだと思います。

ここまで「主体的な学び」「対話的な学び」「深い学び」の重要性を踏まえながらも、それぞれの言葉に翻弄されてはいけないこと、あるいは、具体の授業の文脈にそれぞれどう落とし込んでいけばよいかについて論じてきましたが、この三つに共通し、かつ一番着目しなければいけないキーワードがあります。それは、子供の「学び」そのものです。

端的に言えば…

「子供のための『学び』なのだから、子供の『姿』をイメージできなければ、単元の目標だって立てられないですよね」

「目標が子供不在であれば、その『学び』は深まらないですよね」

ということです。

そのためには、「（どの教科等においても）クエスチョンを用意して、子供自らが学んでいけるプロセスをつくることが大切なんだ」とシンプルにとらえればよいのだと思います。

資質・能力ベースのカリキュラム・マネジメント

カリキュラム・マネジメントというと、その側面のひとつに「教科等横断的な視点で、教育内容を組織的に配列すること」とあることから、各教科等の学習内容を線でつなぎ合うような詳細な指導計画を作成したり、特定の教科間で関連の強そうな内容の実践時期を合わせるといった取組が見られます。

それ自体は大切な試みだと思います。しかし、ややもすると実践内容が複雑になりすぎて、なかなか思うようにいかず、悩んでいる学校もあるようです。そこで、考えたいのが、(学習内容ベースではなく)資質・能力ベースのカリマネです。

たとえば、「小中連携教育の推進」を研究テーマに掲げている学校であれば、次頁の**資料1**のように教科ごとに資質・能力を並べてみれば、次の事柄が一目瞭然です。

- 小・中学校で共通する方向を確認しつつ、校種による段階を見いだすことができる。
- 小学校内で(あるいは中学校内で)各教科等の資質・能力を柱ごとに比べて、共通する(つながる)ことを見いだすことができる。
- 義務教育全体を貫く教科等の特質を確認することができる。

ほかにも、(個別の教科等ではなく)教科横断的な課題をテーマに掲げる学校もあり、国際理解、環境、情報、福祉、人権、ESDなど多岐にわたります。いわゆる「○○教育の推進」という様式です

こうした学校では、総合的な学習の時間を柱に据え、各教科等の授業と関連づけて研究を進めることが多いようです。このような場合にも、学習指導要領の目標に掲げる資

力、判断力、表現力等		学びに向かう力、人間性等	
	中学校	小学校	中学校
の関 高め、	⑵　社会生活における人との関わりの中で伝え合う力を高め、思考力や想像力を養う。	⑶　言葉がもつよさを認識するとともに、言語感覚を養い、国語の大切さを自覚し、国語を尊重してその能力の向上を図る態度を養う。	⑶　言葉がもつ価値を認識するとともに、言語感覚を豊かにし、我が国の言語文化に関わり、国語を尊重してその能力の向上を図る態度を養う。
相互 考え 課題を 向けて ・判 こと 適切	⑵　社会的事象の意味や意義、特色や相互の関連を多面的・多角的に考察したり、社会に見られる課題の解決に向けて選択・判断したりする力、思考・判断したことを説明したり、それらを基に議論したりする力を養う。	⑶　社会的事象について、よりよい社会を考え主体的に問題解決しようとする態度を養うとともに、多角的な思考や理解を通して、地域社会に対する誇りと愛情、地域社会の一員としての自覚、我が国の国土と歴史に対する愛情、我が国の将来を担う国民としての自覚、世界の国々の人々と共に生きていくことの大切さについての自覚などを養う。	⑶　社会的事象について、よりよい社会の実現を視野に課題を主体的に解決しようとする態度を養うとともに、多面的・多角的な考察や深い理解を通して涵養される我が国の国土や歴史に対する愛情、国民主権を担う公民として、自国を愛し、その平和と繁栄を図ることや、他国や他国の文化を尊重することの大切さについての自覚などを深める。
に捉 てて 本的 を見 考察 用い 確に 軟に 。	⑵　数学を活用して事象を論理的に考察する力、数量や図形などの性質を見いだし統合的・発展的に考察する力、数学的な表現を用いて事象を簡潔・明瞭・的確に表現する力を養う。	⑶　数学的活動の楽しさや数学のよさに気付き、学習を振り返ってよりよく問題解決しようとする態度、算数で学んだことを生活や学習に活用しようとする態度を養う。	⑶　数学的活動の楽しさや数学のよさを実感して粘り強く考え、数学を生活や学習に生かそうとする態度、問題解決の過程を振り返って評価・改善しようとする態度を養う。
、問	⑵　観察、実験などを行い、科学的に探究する力を養う。	⑶　自然を愛する心情や主体的に問題解決しようとする態度を養う。	⑶　自然の事物・現象に進んで関わり、科学的に探究しようとする態度を養う。

資料１　資質・能力一覧表（小・中学校比較）

資質・能力	知識及び技能		思考
教科名	小学校	中学校	小学校
国語	⑴　日常生活に必要な国語について、その特質を理解し適切に使うことができるようにする。	⑴　社会生活に必要な国語について、その特質を理解し適切に使うことができるようにする。	⑵　日常生活における人わりの中で伝え合う力思考力や想像力を養う。
社会	⑴　地域や我が国の国土の地理的環境、現代社会の仕組みや働き、地域や我が国の歴史や伝統と文化を通して社会生活について理解するとともに、様々な資料や調査活動を通して情報を適切に調べまとめる技能を身に付けるようにする。	⑴　我が国の国土と歴史、現代の政治、経済、国際関係等に関して理解するとともに、調査や諸資料から様々な情報を効果的に調べまとめる技能を身に付けるようにする。	⑵　社会的事象の特色の関連、意味を多角的たり、社会に見られる把握して、その解決に社会への関わり方を選断したりする力、考えや選択・判断したことに表現する力を養う。
算数・数学	⑴　数量や図形などについての基礎的・基本的な概念や性質などを理解するとともに、日常の事象を数理的に処理する技能を身に付けるようにする。	⑴　数量や図形などについての基礎的な概念や原理・法則などを理解するとともに、事象を数学化したり、数学的に解釈したり、数学的に表現・処理したりする技能を身に付けるようにする。	⑵　日常の事象を数理え見通しをもち筋道を考察する力、基礎的・な数量や図形の性質ないだし統合的・発展的する力、数学的な表現て事象を簡潔・明瞭・表したり目的に応じて表したりする力を養
理科	⑴　自然の事物・現象についての理解を図り、観察、実験などに関する基本的な技能を身に付けるようにする。	⑴　自然の事物・現象についての理解を深め、科学的に探究するために必要な観察、実験などに関する基本的な技能を身に付けるようにする。	⑵　観察、実験などを行題解決の力を養う。

資料２　総合的な学習の時間の目標

総合的な学習の時間	小・中学校学校で同じ

探究的な見方・考え方を働かせ、横断的・総合的な学習を行うことを通して、よりよく課題を解決し、自己の生き方を考えていくための資質・能力を次のとおり育成することを目指す。

(1)探究的な学習の過程において、課題の解決に必要な知識及び技能を身に付け、課題に関わる概念を形成し、探究的な学習のよさを理解するようにする。

(2)実社会や実生活の中から問いを見いだし、自分で課題を立て、情報を集め、整理・分析して、まとめ・表現することができるようにする。

(3)探究的な学習に主体的・協働的に取り組むとともに、互いのよさを生かしながら、積極的に社会に参画しようとする態度を養う。

質・能力（資料2）に注目するとよいでしょう。⑴の「知識及び技能」であれば、「課題に関わる概念を形成し」という文言があります。この記述を「国際理解に関わる概念を形成し」という文言に置き換えてみるのです。⑵や⑶についても同様です。こうした考え方をベースに設定すれば、（無理くり教科をまたがる学習内容間を結びつけるよりも）各教科等で育成を目指す資質・能力の相互関係を見いだしやすくなるでしょう。

今回の学習指導要領の一番の特徴は、どの教科等においても資質・能力を三つに整理している点にあります。たとえば思考力も、教科ごとに見比べたり、つなげたりできるようになっているのです。

もうひとつ押さえておきたいことは、「校内で教科横断的な○○教育の目標を掲げたとしても、国語の授業では、○○教育の目標ではなく、あくまでも国語の目標の実現が優先される」ということです。あえてこのように言うのは、（第2章で述べた教科等の目標と研究主題との逆転現象と同じように）教科横断的な課題が、各教科等に定める目標の上位概念であるかのように錯覚しがちだからです。

教育課程上、保障しているのは各教科等の目標を実現するための時間です。○○教育ではありません。もし、○○教育の目標のほうを優先させてしまえば、各教科等における目標の実現がおぼつかなくなります。それでは本末転倒です。

むずかしく考える必要はありません。○○教育の目標（資質・能力）は、各教科等の目標（資質・能力）ベースでつなぎ合わせながら描けばいいということです。実は、これが「教科等横断的な視点」の意味なのです。実際上は、国語の目標の実現に資する要素を見繕って、国語の実践をすればよいというわけです。そして、これは「○○教育」に限った話ではありません。学校教育目標の実現についても同様です。

現在、学校教育目標は、伝統的な「知・徳・体」になぞらえて掲げている学校と、新しく「三つの資質・能力」ベースで書き換えた学校とに分かれると思います。（数は多くないかもしれませんが）後者であれば、教科等で実現を目指す目標との関連性が明らかなので、カリキュラム・マネジメントの具体を描きやすくなります。

そこで、前者の場合にも、学校教育目標とは別に、本校として育成を目指す資質・能力を3つの柱で掲げ、教科等との関連を明らかにするとよいと思います。カリキュラム・マネジメントとは、各教科等の目標の実現によって、学校教育目標の実現につなげていくことにあるのですから。

このように考えれば、（中央教育審議会答申が指摘しているように）カリキュラム・マネジメントは、管理職だけが行えばよいものではなく、研究レベルでは研究主任を中心としたミドルリーダー、授業レベルでは一人一人の授業者が担うべきものであることがわかるでしょう。

「単元を見通して」授業展開を考える

研究授業の協議会などに参加した際、次のような発言を耳にすることがあります。

「とにかく、教えなければいけないことがたくさんあるんです。あれもこれもとやっていると、教科書が終わらなくなってしまいます」

「問題解決的な学習は、時間ばかりかかって思うように学習が進まないのでは？」

「そもそも、子供が自ら知識を獲得できるような授業をやっていたら、子供の学力が落ちてしまいます」

そこで、あるとき私は次のように問い返してみました。

「それは本当ですか？　では、逆に教師がすべて説明し続ける授業を行ったとしたら、子供たちは先生が説明したことの何%ぐらい理解できていると思いますか？」

すると、みなさん答えに窮したようでした。少々いじわるな言い方だったかもしれません。「授業は一方的にやればいい」などと思っている教師はいないでしょうから。

ここで指摘したいことは、「授業の目的は何か」「その目的のために時間などのリソースをどう割く（配分する）のが望ましいか」ということです。

仮に、1年という決まった期間内に教科書に書いてあるすべてを教え切ることが目的だと考えるなら、「子供が自発的に調べ考える学習」は、非効率さ、非現実さのほうが際立って見えるでしょう。

逆に、「子供が学べたことは何？」「いったい何%くらい身についた？」という視点で考えるならどうでしょう。「教師がすべて説明し続ける授業」では、子供にとって学びらしい学びもなく、身についたことも0%かもしれないのです。

実際、教師が全部説明するのであれば、（学校段階や教科によるとは思いますが）1時間の授業だけで教科書の10ページ分くらい終わらせることも不可能ではありません。それに対して、子供自らが知識を獲得できるような授業をしようとしたら、確かに時間がかかります。しかし、時間さえあれば、教科書に書いてあるすべてを教え切ることなどできるのでしょうか。

資料3　学習指導要領総則（平成29年3月告示）

第2　教育課程の編成
　3　教育課程の編成における共通的事項
　(3)　指導計画の作成等に当たっての配慮事項
　　各学校においては、次の事項に配慮しながら、学校の創意工夫を生かし、全体として、調和のとれた具体的な指導計画を作成するものとする。
　ア　各教科等の指導内容については、(1)のアを踏まえつつ、単元や題材など内容や時間のまとまりを見通しながら、そのまとめ方や重点の置き方に適切な工夫を加え、第3の1に示す主体的・対話的で深い学びの実現に向けた授業改善を通して資質・能力を育む効果的な指導ができるようにすること。

着目すべきポイントは、どのような立場に立って授業をとらえるかという「授業観」と、1年間の授業をどう構成していけばよいかという「カリキュラム・マネジメント」にあります。そのヒントが、『学習指導要領総則』の記述にあります（資料3）。「単元や題材など内容や時間のまとまりを見通しながら」という文言がそれです。

社会科の例で考えると、資料4のようなイメージでしょうか。

①単元の前半では、問いや課題をしっかりと把握して、目的意識をもって学習をスタートさせる（主に「主体的」を意識する）。

②単元の中盤では、獲得してきた知識を互いに交流したり話し合ったりして事象の意味の理解に迫っていく（主に「対話的」を意識する）。

資料4

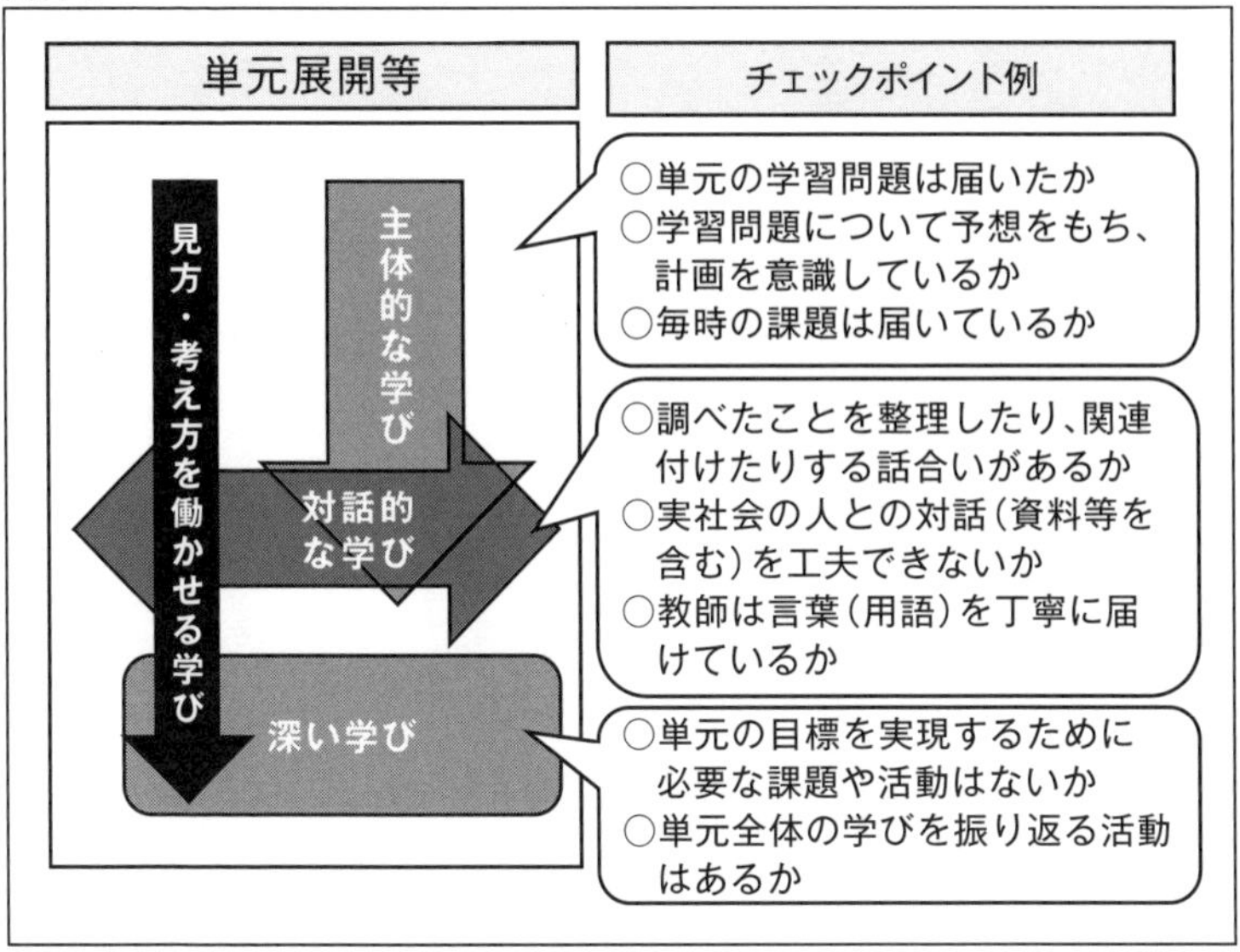

③単元の終末では、単元目標を見つめ直し、そこに迫るための問いや課題、活動は不足していないかを見極める。あるいは、単元全体を振り返り場面を設定する（主に「深い学び」を意識する）。

このように、重点を決めて授業改善に当たる方法です。ただし、ここにも「自分なりに」という条件がつきます。

*

「教えるということ」と「学ぶということ」はイコールではありません。教えるというのは教師の仕事、指導的行為です。一方、学ぶというのは子供の頭の働きだから、いくら指導的行為を重ねても、その子が頭を働かそうとしない限り、学びのスイッチは入りません。

逆に、子供が学んで自ら知識を獲得する、それをベースに学びを広げられる授業ができれば、「あとの残りは自分で読みなさい」という指導だって、子供のなかにちゃんと入っていきます（その部分だけを垣間見た先生には乱暴に見えるかもしれませんが…）。

それに対して、授業のイニシアティブを全部教師が握って、何もかも教師の思うとおり、教師の頭のなかにあるものをコピーさせるかのように説明する。それで、はたして子供のなかに何かが入る（残る）でしょうか。

「全部教えなくちゃ」「時間がない」「でも、教えきれない」と躍起になって教える、だけど、子供は何も身につけてない。これでは、（本当の意味では）何一つ教えていないのと等しい。「時間に追われている」という感覚が強すぎると、自分の足元が見えなくなってしまうのです。

教師自身が問題解決を体験する

社会科の研修会などの場で、私は次のグループ活動（研修）を提案しています。殊に「問題解決的な学習は時間ばかりかかってあまり意味がない」と感じている先生方に効果観《てき》面です。

①自校で使用している教科書を見開きにしてコピーする（教科書は見開き2ページを1時間として構成されていることが多い）。
②コピーしたものを資料ごとに切り分ける（説明文章は段落ごとに切り分ける）。
③次のように授業の流れを考えながら、切り分けた資料を模造紙に貼っていく。
○まずはじめにどの資料を子供に提示するか。
○その資料をみて子供は何というか。
○そこから教師はどのような問いを設定するか。
○その問いに対し、子供はどのような予想をするか。
○その予想に基づくと、どのような資料（情報）が必要か。
○それらの資料（情報）から子供はどのようなまとめをするか。

模造紙の一番上に、本時の目標を書いておきます。切り取った説明文は、教師用の説明として適当な場所に貼りつけます。また、教科書に掲載されていないけど、問いの解決のために必要な資料や情報は、タイトルだけ書いておくようにします。

この模造紙資料（次頁の資料5－1、2）をもとにして、次の点についてグループで確かめ合います。

資料5－1　模造紙資料①

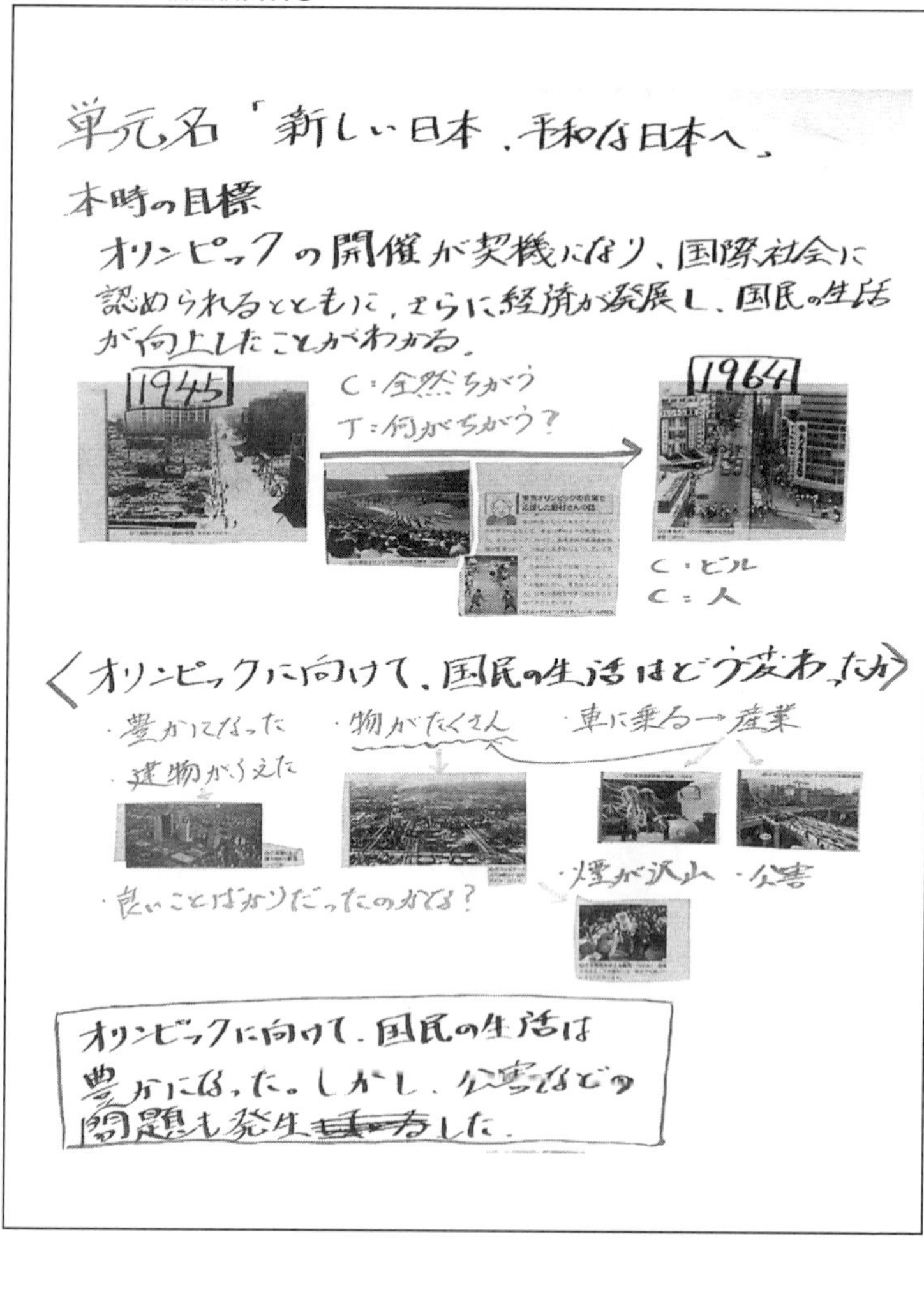
単元名「新しい日本、平和な日本へ」
本時の目標
オリンピックの開催が契機になり、国際社会に認められるとともに、さらに経済が発展し、国民の生活が向上したことがわかる。
1945
C：全然ちがう
T：何がちがう？
1964
C：ビル
C：人
〈オリンピックに向けて、国民の生活はどう変わったか〉
・豊かになった
・建物がふえた
・物がたくさん
・車に乗る→産業
・煙が沢山
・公害
・良いことばかりだったのかな？
オリンピックに向けて、国民の生活は豊かになった。しかし、公害などの問題も発生した。

資料5－2　模造紙資料②

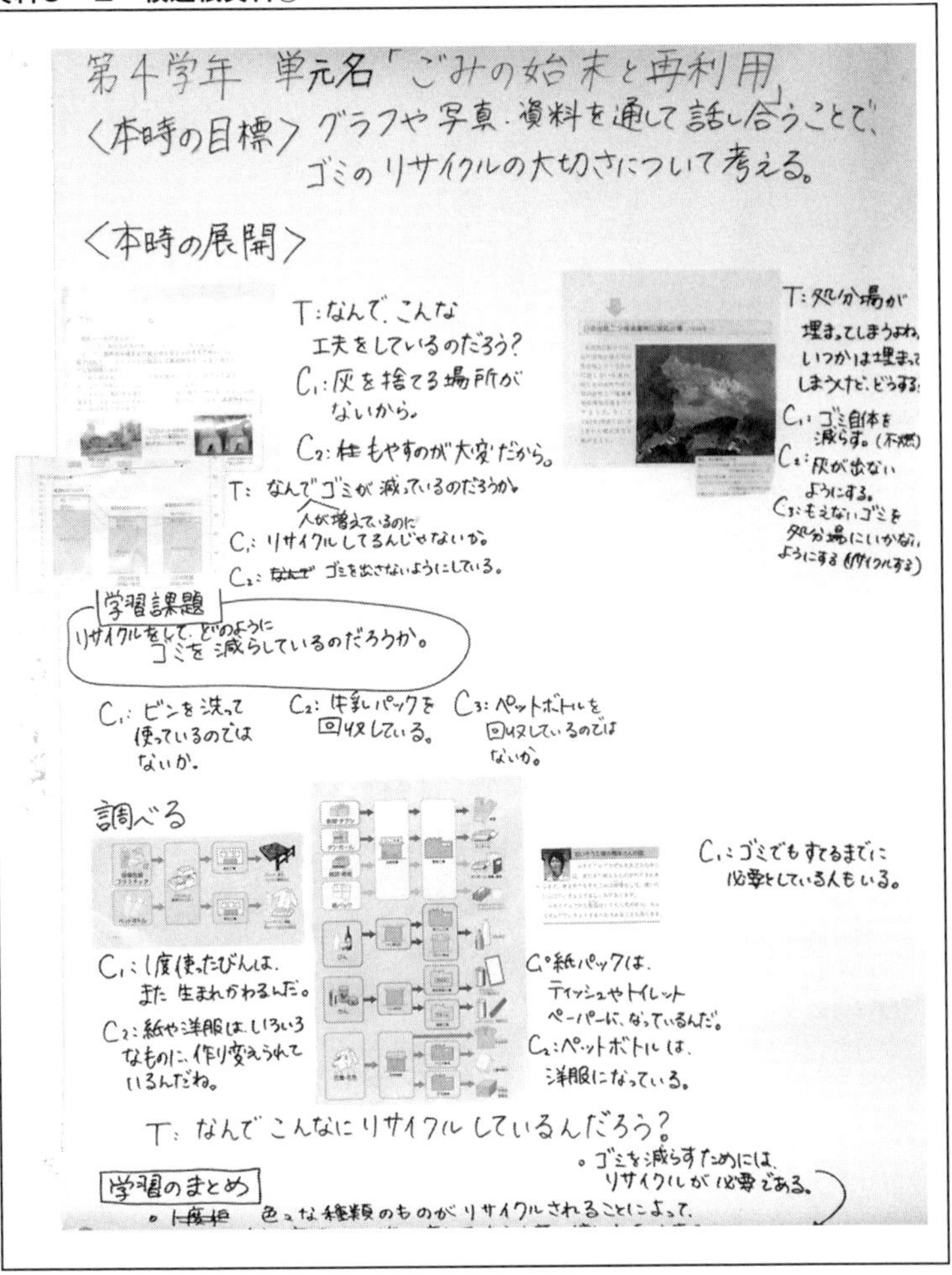
第4学年　単元名「ごみの始末と再利用」
〈本時の目標〉グラフや写真・資料を通して話し合うことで、ゴミのリサイクルの大切さについて考える。
〈本時の展開〉
T：なんで、こんな工夫をしているのだろう？
C1：灰を捨てる場所がないから。
C2：もやすのが大変だから。
T：処分場が埋まってしまうよね。いつかは埋まってしまうんだ。どうする？
C1：ゴミ自体を減らす。（不燃）
C2：灰が出ないようにする。
C3：もえないゴミを処分場にいかないようにする（リサイクルする）
T：なんでゴミが減っているのだろうか。
人が増えているのに
C1：リサイクルしてるんじゃないか。
C2：ゴミを出さないようにしている。
学習課題
リサイクルをして、どのようにゴミを減らしているのだろうか。
C1：ビンを洗って使っているのではないか。
C2：牛乳パックを回収している。
C3：ペットボトルを回収しているのではないか。
調べる
C1：1度使ったびんは、また生まれかわるんだ。
C2：紙や洋服は、いろいろなものに、作り変えられているんだね。
C1：紙パックは、ティッシュやトイレットペーパーに、なっているんだ。
C2：ペットボトルは、洋服になっている。
C1：ゴミでもすてるまでに必要としている人もいる。
T：なんでこんなにリサイクルしているんだろう？
学習のまとめ
・色々な種類のものがリサイクルされることによって、
・ゴミを減らすためには、リサイクルが必要である。

●「問いと学習のまとめは正対しているか」
●「問いを解決するための調べ活動になっているか」
●「学習のまとめは資料に基づく子供の表現になっているか」
●「目標を実現しているか」など

このグループ活動の興味深いところは、同じ教科書の同じ見開きページの切り取りを使ったからといって、他のグループと同じ模造紙資料にはならない点です。

実際に他のグループと見比べてみると一目瞭然です。これは、教師によって資料の出し方や問いなど、その授業に対するとらえ方が異なることの証左です。問題解決にはいかにさまざまな手法なり道筋があるかがわかります。実は、こうした研修をすることの意味は、子供の側に立って考えられる「授業観」を養うことにあります。

中学校でも同じように研修すると、これもまた小学校とはひと味違うおもしろい現象が起きます。

活動後、模造紙には問題解決の展開がイメージできる資料になっています。先生方も満足そうで、「これなら中学校でも問題解決的な学習ができそうだ」という雰囲気に研修会場が包まれます。

さて、このとき次のように問いかけてみます。

「教科書のコピーの切り抜きを、すべて使い切りましたか？」

すると、先生方は作業台の前に散らばっている切り抜きに目が行きます。

「結構、残っているようですね。もしかすると、使い切れなかったそれらの切り抜き（教育内容）は、あなたの授業に必要ないものかもしれないですね」

その瞬間、その場にいる多くの先生方は、一様にはっとした表情になります。

「教科書に書かれている内容のすべてを教える対象としなくても、子供の学びに資する問題解決的な学習が成立している」事実に気づくからです。さらに「教科書の内容を教え切ることのほうが、かえって時間と労力を必要とするのではないか…」とも。

教科書は、学習指導要領に示されている内容に基づき、どのようなタイプの教師、どのようなタイプの授業でも使えるように拡張されていて、学習指導要領に書かれていないこともふんだんに盛り込まれています。

裏を返せば、「教科書は、あなたのその授業には必要ない記述も多い」ということです。つまり、目の前の子供たちにとって学び甲斐のある授業にするには、自分の授業に必要なところを切り取る（取捨選択し組み替える）ことが重要だということなのです（その切り取りが適切であるかの正否は、学習指導要領の内容理解に資するかによって決まります）。

もし、それでもなお「いや、それでは受験を心配している子供や保護者が納得しない」と感じるのであれば、教科書の内容に軽重をつけて、「軽」と判断した内容は補足として説明したらよいでしょう。このような形式であっても、教師が一方的に説明し続ける授業よりも、遥かに子供の資質・能力の育成に寄与するでしょう。

さて、上述のような研修の後に、「本当に時間が足りないと思いますか？」と尋ねると、みなさん「そうでもないかも…」という顔をします。そのうえで、次のように問うと、およそ納得してくれます。

一つずつ意味を確かめながら子供たちで話し合って結論をつくる授業と、10分後にテストをするから教科書を全部読んで暗記しなさいと促す授業とで、果たしてどちらが「学力がつくと思いますか？」「思考力は働きますか？」「知識・技能が活用されますか？」

研修参加者が、実際に手と頭を動かしながら気づいたことに納得のある手応えを感じられるようになると、その教師の授業は間違いなく変わっていきます。そのような意味で、**「時間が足りない」というのは、単なる言い訳なのではなく、固定観念**（思い込み）**なのではないか**とも思うのです。

要するに、**時間を増やすという発想ではなく、1時間のありようを変えればいい**ということです。もし授業中に物足りなさを感じている子供がいれば、「教科書を1回、サッと読んでごらん、ほかのこともいろいろわかるよ」とアドバイスすればよいのです。

「学習指導要領の目標を実現するために、教科書という素材を活用してどのような文脈(ストーリー)を授業に盛り込んでいけばよいか」こうした発想が大切だといえるでしょう。

これは、社会科の研修会の例です。

小学校においては、校内研究で社会科を取り上げる学校は、決して多くはありません。しかし、社会科の授業づくりに困っている先生はたくさんいます。各校に社会科主任(担当)がいる以上、夏季休業日などを使って、1日でもこうした研修を行うことが望まれます。これが各教科の主任(担当)を配置する意味ではないかと思います。

教科の壁を越える

ずいぶん前の話になってしまいますが、私が指導主事をしていたころの話です。当時の中学校では、校内での教科研究が成立しにくいと言われていました。たとえば、数学の研究をしようにも、「教科担任制だから1校に2、3人くらいしかいないし、むずかしい」というのが理由です。

専任が一人、講師が一人という小さな中学校もあります。そのため、校内では教科研究を行うことができないので、（その代わりというわけではないと思いますが）「いじめや不登校問題など生徒指導上どう対応するか」とか、「評価をどうするか」といった研究が多くなってしまうという実態もありました。

では、自ら進んで勉強したい先生はどこで勉強しているかというと、自治体単位で主催される教科の研究会であったり、手弁当で行っている勉強会です。いずれも大切な場ですが、それほど頻繁には参加できませんから、日常的な研究の視点や授業との結びつきはなかなか生まれにくかったと思います。

また、教科の研究会だと、当該教科に堪能な講師を招きますから、研究の力点がどうしても教材そのものの理解に向かいます。それ自体が悪いことではありませんが、アンサー研究の深掘りである限り、「生徒は何を考えていたか」「生徒はどうして話し合わなければいけないのか」「その対話に学習の必然性はあったのか」といった検討にはなりにくいのです。そのため、教科の研究会としてはよいとしても、教科の壁を越えることができません。

現在は、（全国の先生方の話を聞くところによると）かなり改善されてきたようで、とてもよい動向だと受け止めています。

中学校でも、授業研究を中心にした校内研究が行われています。なかには1年間のうちに教師全員1回は研究授業を行うという学校もありました。研究主題を見ても、「主体的・対話的な学び」とか、「本質的な学び合い」「道徳の授業改善」などと、授業改善に関するものが数多く並んでいます。

授業改善の視点は、目の前の授業研究からしか生まれません。そして、その視点は教科の壁を越えて存在するはずのものです。

そこで、中学校の先生方に、私は次のように呼びかけています。

校内研究では、どの教科を軸に研究するのでもかまいません。しかし、これからはアンサーの研究ではなく、子供の学び方自体を研究対象とすることをおすすめします。どの教科を専門とする教師にとっても、共通の土俵に乗れるように、ぜひ校内の教科研究を活性化してほしいと思います。

例として、「子供の学び方」を挙げましたが、「子供の頭の働き」であってもよいし、「学び合う授業づくり」でもかまいません。大切なのは、教科を越えて普遍的な事柄（目の前の子供たちにとって必要なテーマ）を共通の土俵にしつらえることです。

そうであれば、研究対象として扱う教科は数学であっても、「『文章題の読み取り力』に着眼すれば国語にも通じる」「『子供同士の対話の活性化』に着眼すればどの教科にも通じる」ことに、（浸透するのに時間差はありますが）周囲の先生方が気づいてくれると思います。

ただ、こうしたことを言うと、「そんなことはわかっていますよ」という声が聞こえてくることもあります。その後には決まって「だけど…」という否定的な言葉が続きます。「わかっちゃいるけど、現実にはうまくいかないんだよね」という諦めともとれる彼らの内なる声には、切実さがあります。

中学校は教科担任制です。特定の教科等をテーマに掲げる研究を進めるのがむずかしい現実があるのです。研究授業を行っても、「教科セクト意識」が働いてしまうこともあるでしょう。たとえ否定的なリアクションでなくとも、専門外の教科の授業について意見を述べるのは憚《はばか》られるものです。

しかし、（小学校であろうと中学校であろうと学校段階を問わず）校内研究の活性化に情熱を傾けている教師は、「そんなことはわかっていますよ」という発想にはなりません。「そのとおり！」というポジティブな声が返ってきます。**「本来、子供の学びの見取り方や授業設計の仕方・考え方というものは、教科や学校段階が異なるからといって大きく変わるものではない」**ということを知っているからです。

この双方の異なる反応の裏側には共通する分岐点があります。それは、「授業を見つめる目」を共通認識として全教職員がもっているか否かです。

どの学校においても、目指す「子供像」や「授業像」があるはずです。その共有と実現を図るために、特定の教科の授業を素材として、教師同士お互いに学べ合えるようにしていけるかが明暗を分けます。

「深い学び」ひとつ取り上げても、教科ごとにその実現が期待される以上、教科の専門性に踏み込んだ教育内容の研究も必要です。そのためには、自治体単位の研究会や学会、手弁当での勉強会といった場に出ていって、専門性の高い講師の指導を受けることも大切だと思います。

しかし、ここであえて強調したいのは、「主体的な学び」や「対話的な学び」については、子供研究といったように、教科にとらわれない研究が必要だということです。ここに、中学校に立ちはだかる大きな課題があります。

実を言うと、中学校の先生方を対象とした講演などで「主体的・対話的」な話をすると、大きく頷きながら話を聞いてくれます。しかし、よくよく問いかけて見ると、（興味は大きいものの）理解が追いついていない印象も同時にもちます。

「今日の子供たちは、〇〇の課題の意味理解に辿り着いていませんでしたね」と言うと、〝なるほど〟という顔つきをされます。

「では、なぜ子供たちから主体的な発言が生まれなかったか、先生方はどうお感じになりましたか？」と問うと、今度は先生方の表情が一様に〝？〟になります。

学ぶ必然性がなければ、力を合わせる必要性は生まれません。（第1章「『困る』『迷う』

状況をつくる」でも述べましたが、（対話も含め）学ぶ必然性は、子供が既有の知識や教科書に書いてあることだけでは解決できない状況を、教師がつくることによって生まれます。

だから、次のように問いかけると、すごくウケるのです。

この学習活動の流れで、どうやったら子供を上手に困らせることができると思いますか？

こうした話は、小学校の先生方に対しても通じますが、中学校の先生方のほうが響きます。きっと肌感覚で求めているからなのでしょう。

＊

いま、まさに中学校は、（高校を含めてもよいと思いますが）授業改善の黎明期にあるといえるのではないでしょうか。多くの課題があるということは、それだけ伸びしろがあるということなのですから。特に若い先生方にとっては、おもしろい時代が到来したといえるでしょう。

小・中学校の壁を越える

平成19年6月に学校教育法が全面改正され、第21条（義務教育の目標）が新設されたことで、義務教育9年間を見通した教育課程が求められるようになりました。また、平成28年4月より、義務教育学校制度も施行されています。

小中連携については、全国の多くの学校が実践研究していると思いますが、よく見かけるのがカリキュラムの連携です。しかし、実践の渦中にいる先生方であれば薄々感じていると思いますが、（たとえ小・中学校を見通した教科の系統性が明確であったとしても）教育内容だけでつなげようとするのでは、なかなか思うような成果があがっていないのではないでしょうか。

結論から言うと、**小中連携の軸とすべきは、（カリマネと同様に）資質・能力の桁であり、小・中学校間でつなぐべきは学習効果の高い学び方（学習スタイル）である**ということです。もし、それが可能であれば、中学生になった途端に、小学校時代に身につけた方法をいったんスクラップしないといけないという心理状況から抜け出せるし、新しい学習への不安感をも払拭することができるでしょう。

校内研究のススメ―給料がもらえて勤務時間中にできる研究の場

いくら自分の授業を改善したいと思っていても、自分の授業の「何を」（課題）と「どうやって」（方法）を具体的にイメージできなければ何も進みません。仮に、イメージできたとしても、それに充てる時間を確保できなければ、やっぱり進みません。

とりわけ、働き方改革が叫ばれる昨今、夜遅くまで研究に取り組んだり、同僚と議論したり、出張して研究会に参加したりすることがむずかしいご時世です。週休日であるはずの土曜日であっても、学校公開日に当てられたり、行事対応などもあって、一切合切こなそうとすれば、想像以上に心と体が疲弊します。

そこで、あらためて考えたいのが校内研究のもち方です。これからの先生方が、教育のプロとしての技量を身につけられるか否かは、校内研究の質をいかに向上させるかにあります。

はっきり申し上げると、校内研究は、自分の授業を改善するチャンスを与えてくれる最良の場です。しかも、勤務時間中にできるし（休みを削らなくていいし）、給料まで保障される、まさにいいことずくめです。これを有効活用しない手はありません。

先生方がもっているよさを互いにどう吸収し合えるかについてもそうです。教科の世界を探究するのもそうだし、身近な先生のもっている小さな技を盗むのもそうです。教師自身が気づいていない自分の授業のよさに気づかせてくれる機会にもなります。

校内研究の実際

先日、都内のある会議室で座談会を行う機会がありました。主なテーマは「校内の先生方を校内研究の場にどうやって引き込んでいけばよいか」「校内研究をどうやって活性化すればよいか」で、私が司会進行役でした。

集まってもらったのは、いずれも研究主任としてがんばっている現場の先生方で、小学校籍3名、中学校籍1名という構成です。

とても興味深い座談会だったので、この場を借りて紹介したいと思います。

〈発言者所属（2018年12月現在）〉
上田純一（30代男性　中央区立晴海中学校）
横田富信（30代男性　世田谷区立経堂小学校）
糟谷友子（30代女性　新宿区立鶴巻小学校）
松村英治（30代男性　大田区立松仙小学校）

Q1　自分より年上のベテラン教師の協力をどうやって得ましたか？

●がんばっている自分の姿を見せる

私は「自分ががんばっている姿をなるべく見せる」ことに注力しました。「あなたの言っていることだったら、ちょっとやってみようか」と思ってもらえる人を何とかして増やしたかったのです。

各学年の相談にも乗るようにしたり、授業を自分の空いている時間に見にいったり、放課後に授業の感想を伝えたりしていました。自分の時間を使って、学校全体のために仕事をして、成果が出てきたらなるべくみんなに見えるようにしていました。

研究対象が総合的な学習の時間で、あまり得意ではない先生も少なくなかったので、ベテランの先生にとっても「むしろ助かる」と思ってくれていたようです。

なかには、「あなたの言うとおりにやってみたら、おもしろくなってきたわ」と言ってくれた方もいました。そのような方のおかげで、研究主任としての自分の居場所が生まれていったのだと思います。

（ベテランを含め）協力してくれる何人かの先生方が、私をうまく引き立ててくれたのだと思います。

（松村）

●ベテランらしさ、若手らしさが生まれる瞬間

研究主任になったのは本校が初めてで、教職14年目のときでした。なかなか研究主任になる機会が回ってきませんでしたが、本校に赴任して「横田さんだからやるよね」みたいな感じは、当初からあったようです。

先輩方をいかに巻き込むかについては、私自身思うところがあって「ベテランを尊重する空気を大事にしよう」と考えていました。ベテランの先生方には自分の知らないノウハウをもっているはずです。

そこで、積極的に話しかけながら「先生の考え方や指導法は今回の研究に生かせそうな気がするんです」と言って、研究の輪のなかに入ってきてもらうようにしていました。実際、私が思っていた以上のアイデアが出てきたりもしたので、自分としてはうまくいったかなと思います。

また、年齢別にグループをつくって、研究授業の協議会を行ってみたことがあります。正確には経験校数別の編成で、ＡＢＣＤと４つのグループをつくり、初任校、２校目、３校目、４校目以上という編成でした。

すると、ベテランの先生方（4校目以上のグループ）から、ベテランらしい見方とノウハウに基づいてアイデアを出してくれました。このように、ベテランの先生方が意見を言える場をつくったことで、研究の輪にどんどん入ってきてくれたように思いま

す。

この方法には、もうひとつこれまでになかった効果がありました。それは、若手がよく話をするようになったことです。若手同士ということで気楽さもあったのだと思いますが、模造紙にまとめて、なかなか堂々と意見を出していました。

ベテランはベテランらしいシャープな視点でみんなが気づかなかったことを言ってくれる、若手は若手らしい自由な発想で意見を言ってくれる、そんな語り合える場になってきたことで、教師みんなが忌憚なく意見を言える雰囲気が生まれたように思います。


（横田）

●教師がそれぞれもっている得意分野を生かせる役割分担

自分自身も経験年数を重ねていくなかで思うこと、ベテランの先生方と接していて感じることがあります。それは、「人は誰でも認められたい。ベテランの先生だって承認欲求がある」ということです。そこで、（「褒める」という言い方は失礼になってしまうので）「頼るところはしっかり最後まで頼り切る」ことを徹底しようと考えました。

たとえば、全国発表に向けて、研究や準備を進めていくなかで、時には思い描くものとはなれることもありました。でも、どの先生も前向きで本当に一生懸命。だから、最後まで頼り切ることにしました。よりよくするために議論を重ねつつも、「頼る」。

このように、私が考える重要なポイントは「任せる」ではなく、「頼る」にあります。私よりも経験があり、かなわない部分がたくさんあることを忘れないようにしようと心がけています。

また、組織を生かすことにも心を砕きました。教務主任、生活主任も巻き込んで組織をつくっていきました。みんなにとって研究が自分事になるように、全員が校内研究に主体的にかかわれる組織にしたかったのです。たとえば、運営部会や分科会の運営、日程づくりは教務主任に頼って組んでもらったり、特活の学年の先生には特活系の掲示物関係をお願いしました。

ベテランの先生と若手の先生のバランスもそうだし、先生方にはそれぞれ得意なことがあると思います。そうした得意なことが生かせるような役割分担になるように組織構成を考えました。「一人でやってしまわないで、周囲の先生方に振って（頼って）進めていく」ことを徹底したのです。

（糟谷）

●ファシリテーションを重視した学び合い

これまで、先輩の先生が研究授業を行うことになったとき、いつもは見せない不安そうな様子や緊張している様子を目にすることが何度かありました。

そのような様子を見ていると、「授業を人に見せるのはやっぱり不安もあるよな。ベテランの先生だからこその思いがあるよな」と感じます。本気でそう思っているのが伝わってきましたから。

特に現任校は学年単学級なので、授業にせよ行事にせよ、よくも悪くもすべて担任の責任になってしまうように思います。

そこで、研究主任としては、意図的に組んだメンバーでグループ協議にし、ファシリテーションを重視した学び合いになるように努めることにしました。けっして悪かった点のみが語られないようにし、必ず実態と改善策をセットにして提案するようにしたのです。

（糟谷）

●研究会はガチでいく

「周囲の先生方に気を遣いすぎる研修会」

「悪いところを全然言わない。とにかく、いいところを探してそれしか言わない」

〝果たしてそれで、いったい何が得られるのだろう〟と私は思っていました。

そこで、（私が研究主任になる以前から）研究会のときには、上下関係なしにちゃんと意見を言おうと思って臨むことにしました（失礼に当たったこともあったと思います）。たとえ研究主任の先生が怖そうな感じの人であったとしてもです。

そんな私の様子を「いいんじゃないか！」と思ってくれる先生が何人かいたのです。そうした人たちと、（研究主任になる以前から）「研究会はガチでいく」という雰囲気をつくっていきたいと思うようになりました。

次第に研修会の場では「課題を言われる立場のときもあるし、自分が言う立場のときもある」という感じが生まれたことで、（やはり気は遣いますが）ベテランの先生ともお互いに言い合えるようになってきたように思います。

あるとき、これまで私が研究授業を見たことがなかったベテランの先生にお願いしたところ、とても気合いを入れて研究授業の準備をしてくださいました。

私たちとしては、みんなでズバズバ意見を言い合える雰囲気にしたかったので、その先生には事前に今後の研修会のもち方などを伝えて理解を得ていました。

不安な気持ちもありましたが、がんばってくれて私自身学ぶことが多かったのです。

実際、（私が感じていないだけかもしれないですが）研究協議会でのことを引きずるような感じはなかったように思います。

（上田）

Q2　どのようにして研究協議会を活性化させていきましたか?

●個が薄まることで、グループ全体のディスカッションが活性化する

以前、グループで話し合ったことをもとに、自分の意見を自由に出し合う形式を採用していたころは、意見が出にくい状況がありました。そこで、授業で使うような短冊を用意し、グループでまとめてもらって出し合うようにしたら、意見が出るようになってきました。

意見が書かれた短冊は、ホワイトボードに貼りながら、板書のように担当者が整理します。こうした取組によって、だんだんとディスカッションらしくなっていったという感じです。発言ではなく、意見を紙に書く方法だと、意見のなかの自分感が薄れるという感じがあるのだと思います。個人が薄まることでグループ全体の意見みたいになり、逆に自信をもって発言できるようになるのでしょう。

（松村）

●本人にさえわかってもらえばいい

本校では、研究授業そのものは特定の授業者が行うのですが、協議会の場では、参加者と（授業者を含む）分科会が協議するという形式です。ですので、授業者一人がや

り玉に挙がることはありません。分科会提案であれば、あくまでも分科会が考えた手立てについてのディスカッションになります。これは、授業者が変わってもできます。それは、分科会が機能しているからだと思います。

実際には、授業者本人でなければ答えられないこともあるのですが、基本的には分科会の誰かが矢面に立ってやりとりをします。少し前に、急遽授業者が変わったことがあります。私がピンチヒッターだったのですが、分科会でしっかり指導案を固めていたので何とかなりました。

若手の指導技術については、協議会が終わった後に、本人のところに行ってオフレコ的に伝えるようにしています。みんなの前で言うことでもないですから。「みんなわかっていることだから、本人にさえわかってもらえばいい」という考え方です。

（横田）

●授業の生々しさを感じられる協議

協議会というと、研究授業後に別室に移動して行うことが一般的だと思います。それを「授業を行ったその場」（教室、特別教室、フリースペース、校庭、体育館など）で行うようにしています。これは講師からの助言を受けて行うようにした取組です。

実際に授業を行った場には、板書、机の配置、掲示物、授業に向かっていった子供たちや授業者の余韻など、ディスカッションするうえで有益な数多くの素材があります。まるで再現VTRが目の前にあるようなものだから、参観者の発言にも、何か生々しさというか、リアリティーが生まれます。逆に言うと、授業を行った場から離れてしまうと、細かいニュアンスが消えてしまって、印象論に戻ってしまう気もします。

（横田）

私たちも、「研究の視点」をつくって授業を行うので、ディスカッションの対象は、あくまでも「その視点に沿っているか」です。そうしておくと、手立てに対してコメントすることになるので、指導技術に偏らずに済みます。

（糟谷）

Q3　研究主任にはどのようなむずかしさがありますか？

●教師個々に大切にしているこだわりをすり合わせるむずかしさ

本年度は、研究の方向性をなかなか決められずにいたことがむずかしかったです。最終的には決まっていったのですが、4月からスタートして夏ごろまで、なかなかまとまらず、試行錯誤しながら進めていました。

「もっと教科っぽくやったほうがいい」といった思い、教師としての力量も高めながら、「子供がもっと幸せになる校内研ができないか」といった思いなど、それぞれに思いがあるなかで、なかなか落としどころを見つけられずにいたのです。

先生方がそれぞれ大事にしているベクトルやこだわり、思いがあるからこそ、そのすり合わせがむずかしくなることを痛感しました。

（糟谷）

●研究推進の前に立ちはだかるのは、教科の壁よりも学年の壁

研究授業を託した先生に研究テーマをしっかり伝えきれていないこともありました。やはり全員で共通理解をしながら少しずつ進めていく大変さがあります。管理職の意向との調整も結構大変です。

また、中学校の場合は学年の壁が高いことを改めて実感しました。たとえば、若手とともに、他学年の先生の授業を見に行くことがとてもむずかしいのです。たとえ、研究推進委員長であってもむずかしい、そういう現実があります。

それがいったいどんな壁なのか説明にしくいのですが、確かにその壁は存在するし、教科の壁よりも遥かに高いのです。

（上田）

Q4 「研究主任の役割」を三つのキーワードで表現してください

一つ目は、研究主任自身が「こんな学校にしたいというビジョンをもって発信する」ということです。

本来、学校のビジョンは校長がつくり発信するものですが、私は研究の側面から私なりのビジョンをもって、研究主任として学校経営の一翼を担いたいのです。

二つ目は、「率先して動く」です。

私は経験が浅いほうなので、自ら動く姿を常に見せていくことが先生方を動かすことにつながるという意識を強くもっています。

三つ目は、「仕組みづくり」です。

自分がすべてやっているうちは、楽な気もするのですが、それでは続かないし、いつかは終わりがきてしまうと思います。組織をつくったり、システムをつくったりして、安定して回せるようにするのも大事かなと思います。

（松村）

「段取り」「理論の整理」「励まし」です。研究主任は、ファシリテーターとしての役割が大きいと思います。

（横田）

一つ目は「管理」です。スケジュールの管理、それがきちんと遂行されているかの管理です。研究や準備に追われ、授業本番に疲れ果てた顔でいたら本末転倒。先生方が、日々の授業も研究授業当日も、笑顔で子供たちと授業ができるよう心がけています。

二つ目は「自分自身が学んで発信していく」ことです。自分自身が学んでいる姿を見せることを大事にしています。

三つ目は「観察」です。置いてきぼりになっている先生がいないか、困っている先生がいないかを見て、フォローすることです。

（糟谷）

一つ目は、研究という作戦を立案する「参謀役」です。

二つ目は、先生方への目配り、フォローです。

自分の授業に自信がもてず、人前で授業を行う勇気を奮い起こせずにいる先生が飛び込みやすい環境をつくることです。こうした先生方の汗を拭いてあげる役といえるかもしれません。

そして、三つ目が、みんなが踏み出せない場面があれば、自ら特攻していく切り込み隊長です。

新しい学習指導要領に即した授業など、まだ誰もやったことがなければ腰が引けるものです。そうしたときに、（うまい下手ではなく）とにかく私が授業をやってみせるようにしています。「参謀」「補助」「切り込み隊長」の３つです。（上田）

Q5　研究授業で自分なりに工夫していることがほかにありますか？

●自分の授業への誘い

若手に対しては、自分の授業に誘っています。

たとえば、協議会で講師の指導を受けたあとに、それに即した授業をやって見せて、「あのとき、講師の先生が言っていたことは、こういうことなんじゃないかな」とアドバイスします。そのうえで、「今度、先生の授業を見に行くから」と言って実際に参観し、少しずつ研究し合える先生を増やしていきました。（上田）

●授業者を囲んで、みんなで食事会

協議会が終わったあとは、「授業者が食べたいものをみんなで食べに行く」これに尽きます。

別にお酒でなくてもよいのです。授業者に「何を食べたいですか？」と軽く聞く感

じで負担のない程度にしています。お酒が好きではない方であれば、食事会やお茶会にしたりしています。

そうした気軽な会なので、講師の先生も割と参加してくれて、ざっくばらんに楽しく過ごせています。授業者として先生方の矢面に立つ厳しさと、先生方と歓談しながら美味しいものを食べる楽しさ、その双方のメリハリを大切にしています。（糟谷）

●研究授業後も使える財産を残す

「その授業者の授業を、形に残す。それをみんなで共有できる宝物にする」ことを大切にしています。1回限りではない、来年度以降も先生方が使っていけるものを残すという取組です。

研究冊子のような単なる記録としてではなく、研究授業後も授業で使える財産にしようという位置づけです。授業で使えるちょっとした小物でかまいません。社会科であれば、学習カードをパウチして、授業者だけでなくほかの先生の分もつくって配っています。

もちろん、学習カードなどは時代とともに使えなくなるものもありますが、たとえ教科が変わっても、その研究授業は1回やって終わりではない、次にちゃんとつながっていく、研究は継承されていくものなんだというメッセージとして伝えたいと思っています。

（糟谷）

●「今さら聴けない」「声に出して聞きにくい」先生方の内なる関心事を、研究会便りで伝える

中教審答申や学習指導要領の要点などをまとめて研究会便りをつくって配布しています。先生方は割とよく見てくれていると感じます。教育にかかわる最新情報などは、意外と人に聞けないものです。

たとえば「主体的・対話的で深い学び」というキーワードも世に出て結構経ちますが、自分なりのイメージをもっていない方は多いのです。そこで、文部科学省からの資料（図版）を研究会便りに貼りつけて渡したところ、ずっと大切にしてくれている先生がたくさんいました。その様子を見て嬉しくなりました。

逆に、若手の先生は一知半解というか、自分が最初に見聞きしたことをすべてであるかのように錯覚しがちなので、「その主張の大本はこれだよ」と示す意味合いもあります。

（糟谷）

●研究授業に直接携わった当事者につくってもらう校内研通信

授業づくりの理論を定着させていけたことです。それが校内研通信です。

これは、私がつくっているのではなく、授業者の学年の研推につくってもらうようにしています。研究主任である私ががんばるのではなく、研究授業に直接携わった当事者につくってもらい、当事者自身のための振り返りの場にしてもらうことも意図しています。

この校内研通信を生かし、次の研推のときに話題にしながら授業づくりを考えるスタイルを整えていきました。これもひとつの組織化の試みだと思います。（横田）

●想像以上に反響があった裏研究推進便り

週1回ペースで出している研究推進便りのほかに、研究副主任が出している裏研究推進便りがあります。裏には、輪番で先生方にエッセイを書いてもらっています。これは、自分の実践を振り返り、読み合い、互いの信念を共有するという取組にしたくてはじめました。

今年のテーマは「私の好きな教科等&授業づくりの肝」にしたのですが、「○○のきっかけで好きになってこんな授業をした」という昔話をベテランの先生が生き生きと書いてくれたり、日頃寡黙だと思っていた先生が、実は熱い思いをもっていることが明らかになったりしています。

最初は、「忙しくていちいち書いていられない」と受け止められるのではないかとも思いましたが、実際は想像以上の反響でした。裏便りという設定がよかったのかもしれません。いずれにしても、お互いのこと、意外な側面を知ることで同僚性に結びついているように感じます。（松村）

Q6　研究主任として、これから何を目指していきますか？

●授業のおもしろさをみんなで共有したい

「授業っておもしろい」私がそう感じた感覚を、若手の先生方に感じてもらいたいという思いがあります。それには日々の努力がものを言うと思います。

小学校の先生方には少しピンとこないかもしれませんが…中学校の場合は部活の存在が大きいのです。「部活をして生活指導をしっかりやれていれば一人前」という文化が色濃くて、授業は二の次、「とにかく、やっておけばいい」みたいな風潮が、いまもなお私たち中学校教師の意識のどこかに残っているのです（行事も部活も生徒指導も、ちゃんとやらなければ生徒の成長を促すことはできませんが）。

だけど、子供は「勉強ができるようになりたい」とみな思っているんですよね。教師だって、本当は子供たちが勉強できるようになるために、心の内ではみな「いい授業をしたい」と思っているのです。

このように、子供と教師はお互いに求め合っているのですが、その求め合いを阻害する因子が中学校にはあって、結果的に教師のほうが目を背けてこじれさせているという気がするのです。そこをなんとかしたい、努力を通じて意識を変えていきたいと思うのです。（上田）

●教師一人一人のニーズに応えられる教師の学びをつくりたい

私は、いろいろなニーズに応えられる研究に変えていきたいと思っています。現在の研究でも「すごく力がついた」と言ってくれる先生方がいる一方で、負担に感じていたり、特に初任や2年目の若い先生は「そもそも、もっと基礎的なことがよくわからない」とも言っているし、指導技術に関する課題もあるからです。

それら全部に応えられるとは思いません。けれども、より多くの人が校内研をやってよかったと思えるようにするためには、「もっと先生方一人一人のニーズをきちんと把握してそれに応えるものも出していかなければ」というのが実感です。（松村）

●紆余曲折しながら育っていく人材育成でありたい

たとえば3人で協議しながら授業をつくっていこうとしたとします。すると、「みんなで」と言いながら、往々にしてそのうちの1人が核になってしまうのです。それをもっとフラットな関係を維持したままで、、、、、、授業づくりができたらいいなと思います。

初任や2年目の教師が、確かな論理に基づいて自分の考えを表明することは困難です。それでも、日々の授業で気づいたこと、学んだことは何かしらあるはずです。ですから、根拠や論理は不明瞭であっても、「ちょっとこんなアイデアを考えたんですけど…」といった思いつきを大事にする授業づくりでよいのではないかと思います。

ひとつの正しい方向性のもとに授業を改善していくという考え方ではなく、教師それぞれの知識や経験に応じて紆余曲折していくような人材育成の結果として、授業が変わっていく。これが私の考える理想です。少なくとも、ただベテランに従うのではない、若手自身が自立していけるような研究活動を目指したいと思います。

（横田）

●みんなが自校の校内研究に誇りをもてるようにしたい

授業こそが本務であるにもかかわらず、日々の校務の忙しさでつい後回しになってしまいがちな校内研究。さらには、各自が所属している研究団体に比べたら小さな研究かもしれません。でも、世代や経験年数、専門教科を越えて、毎日を一緒に過ごす仲間と研究を行い、目の前の子供たちの成長をすぐに共有することができる楽しさが校内研究の醍醐味だと思います。だからこそ、それぞれのチャレンジを、研究主任を中心にみんなでしっかりと価値づけし、着実に高まっていることを感じられるものに

していきたいのです。（糟谷）

●近未来の先輩教師の後ろ姿を見られるようにしたい

若手勉強会を立ち上げられないものかと考えています。勉強会の講師にはベテランをもってくるのではなく、中堅の教師に担ってもらう。そうはいっても、教えてもらうというのではなく、意見交流をしながらフラットな人間関係をつくっていくというイメージです。

いわば、近未来の先輩の後ろ姿を見られるようにするということです。（横田）

「子供の反応」が教師を変える

上述の座談会での先生方の話を聞きながら、ふと思ったことがあります。それは、みなさん**教師の性《さが》をうまく刺激している**ということです。現場教師の承認欲求や知識欲、同僚性や協働意識への刺激です。さらにつけ加えるとすれば、子供の成長をみんなで共有することを目指している点です。

「今までとはちょっと違うこんな授業をやったら、子供がこんなリアクションをした」

〝それはいったいなぜなのか知りたい〟〝ほかの先生にも伝えたい〟という気持ちを抱くのは、教師の性《さが》なんじゃないかと思います。

「授業のおもしろさ」は、子供たちみんなが元気、笑顔がいっぱい、楽しそうだという側面にも表れると思います。しかし、それ以上に「授業を工夫すると、子供が変わる」ところにあるのだと思います。

授業次第で子供が変わる、子供の変わり方次第で教師の意識が変わる。（卵が先か鶏が先かみたいなところはありますが）**そうした連鎖がポジティブなスパイラルとなって授業が少しずつ改善されていく**ように思います。

だから、「自分の授業によって、（その歩みはゆっくりでも）子供は確かに成長するんだ」ということを知った途端に、授業がおもしろく感じられるようになるのでしょう。そのような意味では、**子供と教師が共に「授業っておもしろい」と思える感覚は、自分の授業と子供たちのリアクションの狭間で生まれている**とさえ言えるように思います。

ここまで研究を通じた教師一人一人の成長という文脈で語っていますが、それと同時に、「教師同士の学びと子供同士の学びは、（その本質においては）同じなんだなぁ」とつくづく思います。

このように考えると、たとえば、子供を対象として「先生の授業、今日どうだった？」とアンケートを取ってみるのもよいかもしれません。子供による教師評価、授業評価そのものは劇薬だから、取り扱いには十分注意が必要ですが、学期の終わりだけ、あるいは研究授業のときだけ取り組むという方法もあります。

「今日の授業はすごく楽しかった」、あるいは「いや、退屈だった（とは子供は書かないと思うので、「別に、何も」「特にない」「記入無し」だったら「おもしろくない」「楽しくない」「むしろ退屈」と読み替えればいいと思います）」といった意見をよりどころにして、自分の授業を振り返る機会とするのです。

学習内容の理解だけではなくて、「自分なりにいろいろと考えることができた」とか、頭に汗をかいたマークをつけたり、楽しいハートマークをいくつも塗ってみるような試みです。小学校高学年以上になると恥ずかしがってやりたがらないかもしれませんが、子供が変わってきたという手応えを知ることが大切であるように思います。

私は現在、大学で教鞭をとっていますが、教師である私が学生に届くように工夫して講義を続けていれば、（前期の最初はみなつまらなそうに下を向いていても、講義を重ねるごとにムクムクっと顔を上げて、次第に発言も増え、ある時期から）「先生、きょうの授業ですごくよく考えたよ」と言ってくれるようになります。そんな姿を見せられればいっそう燃えてきて、「よっしゃ、次はもっとがんばるぞ」という気持ちが湧いてくる。

小学校教師からはじめて、指導主事、教科調査官、視学官を経て、ずいぶんいい年になってもなお、そういう気持ちが湧いてくるのです。きっとそこには教師としての普遍的な何かがあるような気がします。

こうした**子供の反応を自分を変えるきっかけにする**ということなのです。小学生と中学生とでは「学ぶ子」にするためのきっかけづくりが違うかもしれませんが、子供の姿に気づくという点では、何も変わらないと思います。

座談会を通じてもう一つ気づいたことは、どの先生方も全員参加を心がけていることです。みなさん30代と若いのに「立派だなぁ」と率直に思いました。やはり、学校での研究は、次のような同僚性が前提となっているのでしょう。

「教師一人の十歩よりも、みんなの一歩を目指す。それが学校全体の教育力を押し上げる」

また、その一歩も、教師それぞれの経験年数や立場によって異なるということにも目を向けていることに感心しました。

教師一人一人に目を向ければキャラクターも異なるし、授業改善の課題も違います。ですから、「一歩」などと簡単にいっても、その歩幅や歩き方は違うはずです。そこで、その違いが何であるのかを明らかにし、自覚しながら進めるようにするために、たとえば年度はじめにアンケート調査を行うのもおもしろいのではないかと思います。お題は

「校内研究会で自分が目指す一歩」。

あくまでも全校一丸となって研究主題に迫る努力をするわけですが、それに加えて教師一人一人が自分の目標をもつ。オール・フォ・ワン、ワン・フォ・オールの学校版です。

また、研究授業を行う際の指導案には、その授業が関連する学習指導要領の目標や内容を抜き出して、一番上に四角囲みにしておくとよいと思います。自分が担当（研究）する教科以外の授業内容を理解するための共通の土俵になるからです。それをよりどころにして意見を言い合えればよいのです。みんなで進む一歩です。

授業を記録する

校内研究で特に大切になるのが、研究授業を実施した際の授業記録です。授業者はもとより、すべての教師が学ぶために必要となる材料となるからです。

授業を行う側は、事前の準備、当日の公開授業、研究協議会での質疑応答など、その気苦労や労力たるや相当なものです。それに対して、授業を見る側は記録をしっかりと分析をして（自分の肥やしにするだけでなく）授業者にフィードバックする。これは、授業者に対する最低限のマナーだと私は思っています。

（あえて強く言えば）「記録さえ満足に取らずに意見だけは言う」のは、おこがましいとすら思うのです。なぜなら、そうした意見は単なる印象でしかなく、不正確で、事実（根拠）に基づいているとは言いがたいし、何より授業者に失礼だからです。（言うまでもなく）感覚的な感想を言い合うことが研究授業の目的ではないということです。

さて、授業の記録方法ですが、「必ずこうしなければならない」といった決まりはなく、教科によっても最適なフォーマットは変わるかもしれません。ただ、どの教科においても共通するポイントはあります。それは、次の3点です。

●自分にとって記録しやすい。
●後で見返したときに分析しやすい。
●授業者をはじめとして周囲の先生方と情報共有する際に伝えやすい（わかりやすい）。

ここでは、参考として私が使っているフォーマットを紹介します（次頁の資料6）。TとCのやりとりをベースとした記録方法です。A4版の白紙を横使いにし、縦に教師の指導の流れ、横に子供の多様な発言が見えるように配置します。

実際に記録する際の留意点は次のとおりです。

①指導案から本時の目標を写す（一番上に書くとよい）

授業は、目標の実現を目指して行われます。そのため、授業者の意図は目標に込められているはずです。したがって、授業を記録する際にも、「この授業において、授業者はどんな目標を立てているか」を常に意識することが大切です。

②子供の発言記録は軽重をつける

子供の思考するスピードは、大人が考える以上に速いものです。小学校低学年ほどそうです。しかし、このことは、幼いほど思考する能力が高いという意味ではありません。

何かを思いつき、それがどのような意味をもつのかを顧みずに即座に言葉にする。「あ、あだ、こうだ」と話しはじめるのだけど、話し切らないうちに言いたいことが変わっている。友達の発言ともつれ合い、くっつき合う。思考の風向きは、ビル風のようにくるくる変わる…。

彼らの思考は、まるで浮かんでは消えるあぶくのようです。速いは速いのだけど、そのままではどこにも辿り着かない速さなのです。それは、発言が活発なクラスほどそうです。そのため、子供の発言のすべてを正確に書き取るのは困難です。そもそもグループ活動では、全グループの発言記録を取ること自体が不可能です。ここに、子供の発言に軽重をつけることの大切さがあります。

そこで、授業前半の多様な（つぶやきを含む）発言は、キーワード（授業の展開を左右し

」　年　月　日　学校名・授業者

C：反応

C：発言

※子供同士の発言がつながっている場合には線で結ぶ。

C：いいと思います。

書かれる課題

前の時間のノートにありますね。

C：

C：　※発言内容の記録はキーワード程度でよい。

いて記録を取る。話が進んでいる様子を矢印で表す。

表してください。

限り正確に取る（子供の文脈を大切にする）。

ね（板書で　～と　整理しながら確認する）。

～　が大切なのですか。

題について自分のまとめをしてみましょう。

資料6　澤井版「授業記録のフォーマット」

本時の目標「

時刻

T　今日は　～　について考えてみよう。
これは何かな。　　　　C：発言――

提示される教材等

C：発言

T　なるほど、じゃあ今日の課題は　～　でいいかな。

学習の課題 | 黒板に

T　じゃあ、まずみんなで予想してみよう。ヒントは

（グループで話し合う）　C：　→
C：　→
※どこかのグループに付

時刻

T　そろそろいいですか。では、グループの結論を発

C：
C：
C：　　※ここでの発言記録はできる

T　みんなが発表してくれたことは、こんなことです
では、○○は　～した場合にはどうですか。なぜ

C：　　C：
C：　　C：

時刻

T　よい意見がたくさんでましたね。では、今日の課
（各自ノートにまとめる）

T　発表してください。
（子供の発言を価値付けながら板書）　C：
C：

たり、周囲の子供の発言を促す基点となるキーワード）を聞き逃さず、それだけを書くようにします。子供の着眼点がわかるからです。後半の学習のまとめに近づいた発言は、できるだけ詳細に書き取ります。これらの発言が目標の実現状況を測る指標となります。

③板書や教材は単語で書く

授業記録と板書は別物です。板書をそのまま写し取るだけでは記録として意味をもちません。「授業がどのように進行していったのか」その過程や課題、指導のよさ、子供の反応を明らかにするのが授業記録の目的です。板書は、授業終了後の完成形を写真に撮っておけばよいでしょう。

したがって、板書や教材・資料などを書くときには単語（キーワードなど）を括弧書きで書き、発問や指示とは区別するとよいと思います。

さて、このようにして記録を取ると、いったい何が起きるのでしょうか。ずばり「主体的・対話的で深い学び」と教師の指導との関係が、次頁の**資料7**のように見えてくるのです。

［主体的な学びに向かうベクトル］授業者は子供の思考に沿って授業を展開しているだろうかと縦軸を見る。
［対話的な学びに向かうベクトル］子供同士のかかわり合いが見られるだろうかと横軸を見る。

［深い学びに向かうベクトル］目標の実現に向けて授業が仕組まれているだろうかと対角軸を見る（目標は深い学びを目指して設定されているのだから、まず目標が実現できているどうかを見る）

「目標が実現できているか」という見る目が養われれば、そこにどのような深い学びが生まれているかをイメージできるようになり、それがそのまま参観者の「授業改善の視点」になります。

また、「指導力向上」を重視する場合、欠かせないのが教師と子供とのやりとりの記録です。教師の指示や発問を「T」、子供の「発言」や「反応」を「C」として書くのが一般的です。教師と子供のやりとりを記録するのは、「T」と「C」の因果関係を解明・検証するためです。

ここでいう「反応」とは、実際の発言はもとより、たとえ発言はなくとも（「真剣なまなざしだった」「何度も首をかしげていた」「友達との対話からヒントを得ていた」など）顕著に見られた子供たちの動きや表情なども含みます。

授業は、教師の意図的な指導によって進められます。したがって、子供たちの発言や反応はすべて教師の働きかけ（言葉だけでなく教材等の提示や環境設定などを含む）によるものだと考えることが大切です。

一方、研究対象が「本時の授業」ではなく、「授業づくり全体」である場合には、単

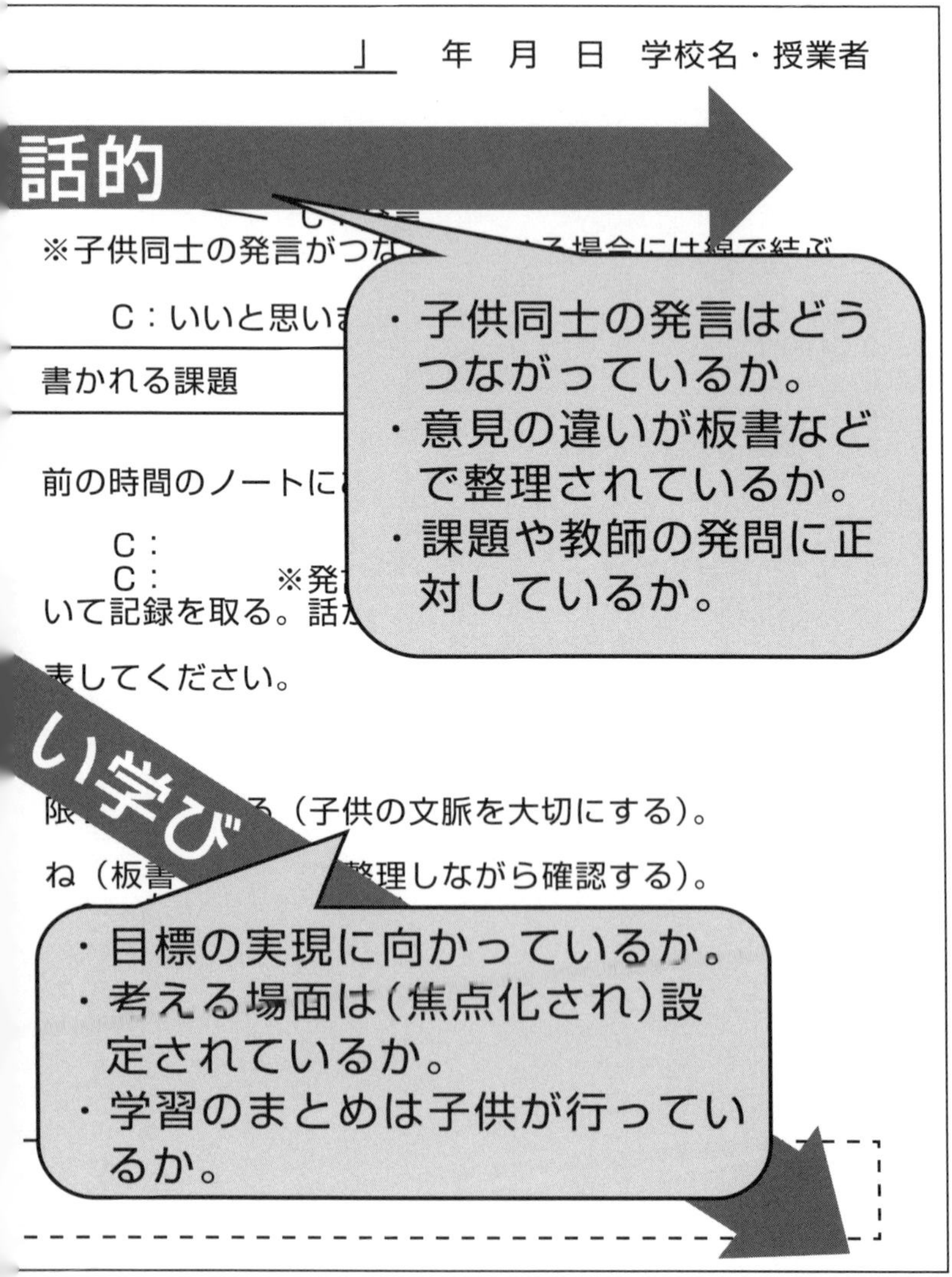
」　年　月　日　学校名・授業者
話的
※子供同士の発言がつな　　　　る場合には線で結ぶ
C：いいと思いま
書かれる課題
前の時間のノートに
C：
C：　※発
いて記録を取る。話
表してください。
い学び
限
る（子供の文脈を大切にする）。
ね（板書
整理しながら確認する）。
・子供同士の発言はどうつながっているか。
・意見の違いが板書などで整理されているか。
・課題や教師の発問に正対しているか。
・目標の実現に向かっているか。
・考える場面は（焦点化され）設定されているか。
・学習のまとめは子供が行っているか。

資料7　授業記録か見えてくる3つの軸

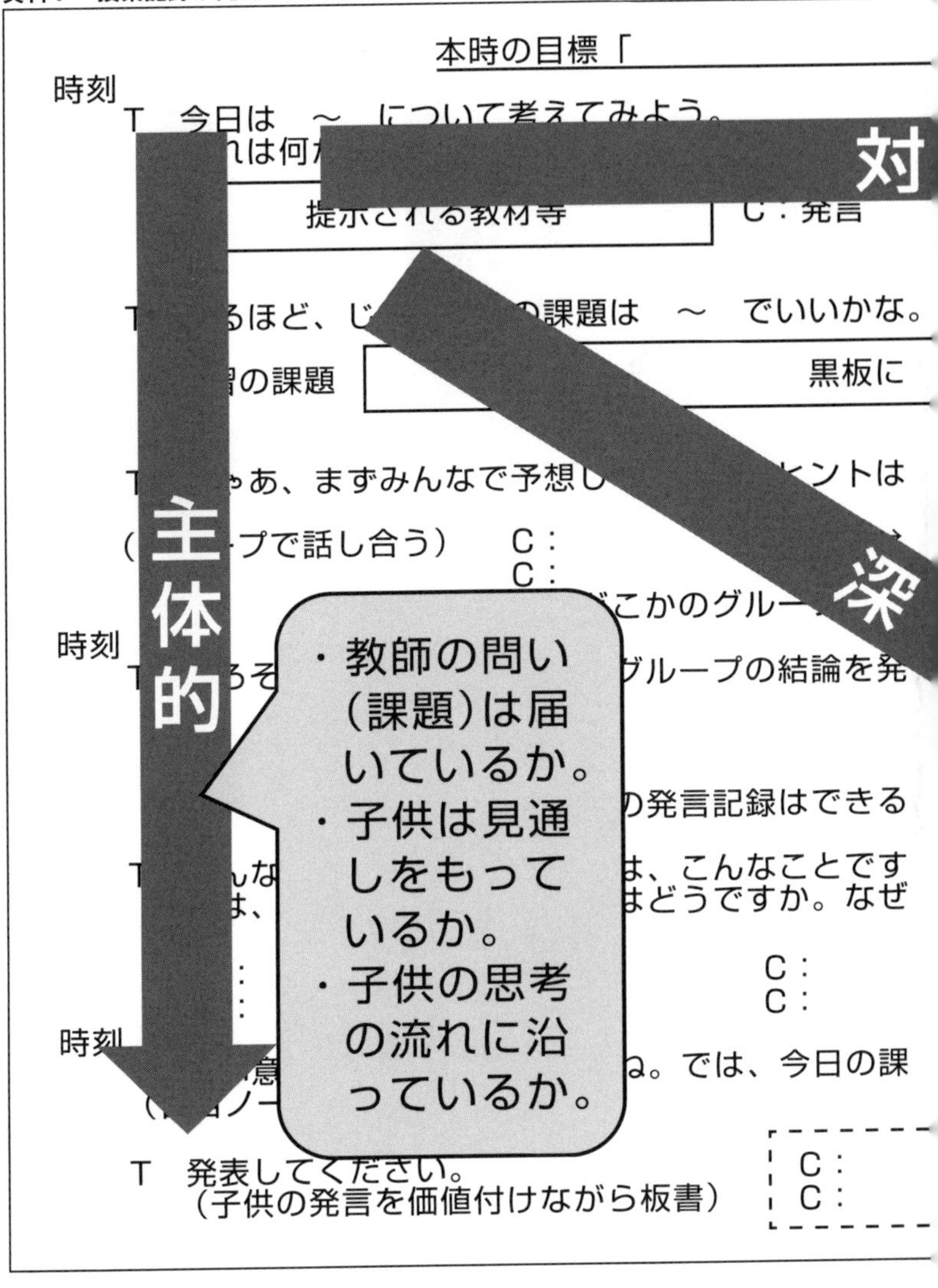

資料８　単元構想を構造化する

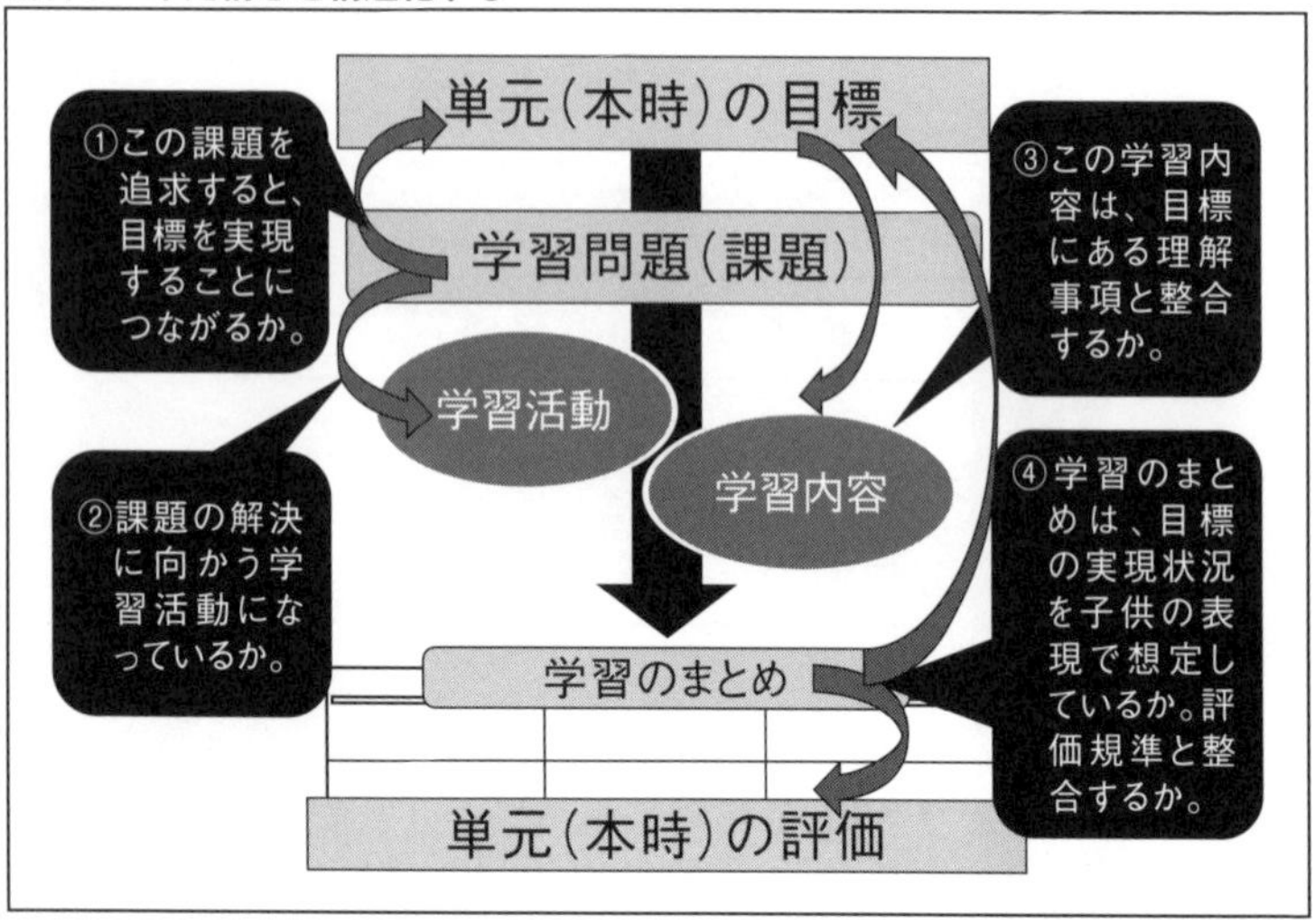

元全体の構想を見る必要があります。しかし、単元指導計画は一般的に、授業の構成要素がすべて網羅的に書かれているので、それだけをただ読んでいても、（流れは理解できたとしても）授業者が本当のところ何を構想したのかをイメージすることが困難です（頭のなかで整理しにくいのです）。

そこで、それらを一度、**資料８**のように整理してみてはどうでしょうか。

単元指導計画で個々ばらばらに書かれている要素を、子供の学習展開に沿ってつなぎ直してみるのです。

単元全体の指導計画は、とかく分量が多くなりがちです。それをＡ４版１枚程度に整理しながら各要素をつないでみると、つながりが不明確な箇所や効果的とは言えない関係性がはっきりと見えてきます。

1時間の授業のみを対象として、教育効果についてあれこれ言う研修も確かに勉強になります。しかし、ただそれだけでは「木を見て、森を見ず」のことわざどおりとなってしまうかもしれません。そこで、もし**「木を見て、森も見る」ことができれば、授業者の構想を具体的にイメージできるだけでなく、授業者自身も気づいていなかった学びの可能性まで見通すことができるようになる**のです。そのためには、単元の設計と本時の授業を関連づけて見ることが大切になります。そうできたときにはじめて、その試みが改善へと向かう「授業研究」になるのではないでしょうか。

実際の校内研究では、記録係の先生がＴＣ形式で記録を取っていることがあります。特定の子供を観察対象として記録を取る方法などもあります。私の場合は、常に「よさ」「課題」「代案」の三つの視点に基づいて授業を記録します。

研究主題や子供の実態などを踏まえ、何にフォーカスして授業を記録するか、あらかじめ決めておくとよいと思います。また、「子供の発言をすべて線でつないだらどうか」など、先生方同士でディスカッションしながら記録の取り方を研究してみるのもよいでしょう。

＊

授業記録を取っていると、いつの間にか授業を見る目が磨かれていきます。これは、現実に私自身が経験したことですが、おそらくどの先生にとってもそうだと思います。

授業を見る目が磨かれると、授業改善の視点も見いだしやすくなります。そして何より、勇気をもってがんばった授業者の努力の姿と、（社交辞令や総花的な評価ではない）その授業の本当のよさを見抜くことができるようになるはずです。

校内研究の組み立て方

さて、ここからは校内研究の組み立て方を考えていきたいと思います。

まず研究をスタートする前に、必ず押さえておきたいことがあります。それは、「あれもこれもねらわない」ということです。

校内研究は、およそ1～3年くらいのスパンで設定されることが多いと思います。しかし、1年中研究に取り組めるわけではありません。よく目にするのは、6月～12月を研究期間に充て、1月に「研究のまとめ」を行うというサイクルです。つまり、実質としては「半年研究」なのです。だから、「たった半年で何ができるか」という視点から、しっかり研究内容を絞り込む必要があるのです。

研究構想図のフォーマットを例示すると、**資料9**のようになります。

1　研究主題と副主題

資料9　研究構想図のフォーマット（例）

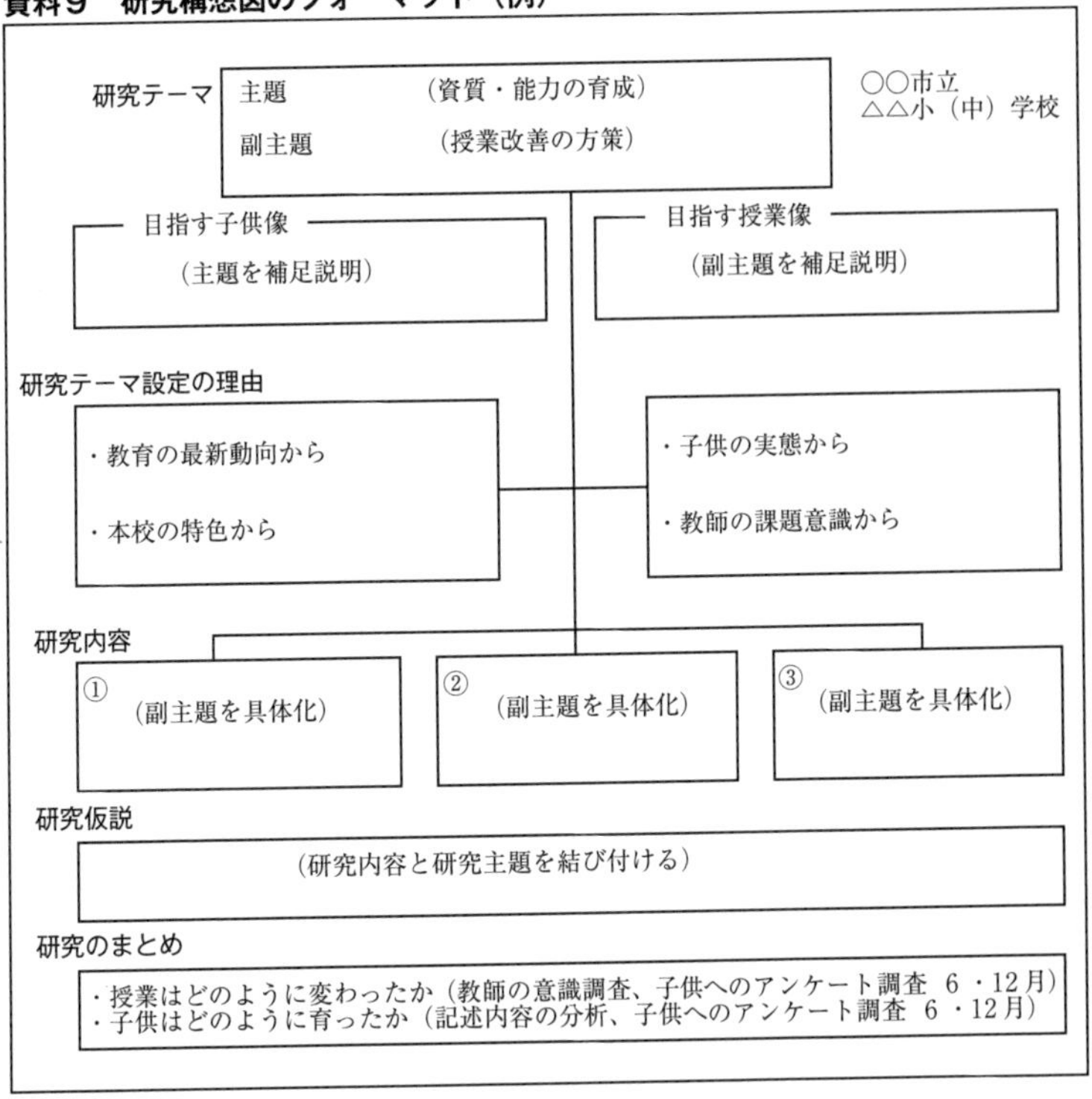

主題と副主題については、必ず両方設定する必要があるわけではありませんが、主題だけでなく、授業改善の方策などに絞り込んで、副主題を設定したほうがよいと思います。とかく、設定した当初は意識していなくても、研究を進めていくうちに、「あれも大事、これも大切」などと膨らんでいってしまい、収拾がつかなくなることがあるからです。そのような意味で、**副主題の**

設定は、研究を肥大化させないようにするためのリミッターの役割を果たすものととらえてもよいかもしれません。

また、主題と副主題が曖昧だと、たとえ教師一人一人の研究意欲は高くても、チームとして一丸となることができません。そこで、主題と副主題を合わせて、「研究テーマ」とする方法もよいと思います。

たとえば、主題には「育成を目指す資質・能力」の具体を設定し、副主題には、そのための「授業改善の方策」を設定します。こうした位置づけであれば、校内の先生方が「何を目指し」「そのために、何をするのか」が明確になります。

加えて、校内研究のテーマは、できるだけ短い文で端的に表すように努めます。先日、ある研究会で講演した際に「みなさんの学校の校内研究のテーマは何ですか?」と尋ねてみたところ、答えられない先生がたくさんいたのに驚いたことがあります。テーマが長すぎて覚えきれなかったというのが、その理由です。

校内研究のテーマは、先生方の「合い言葉」です。わざわざ暗記しておくというのではなく、すっと覚えられる1文であるほうが望ましく、親しみもちやすいといえるでしょう。

2 目指す子供像と授業像

研究主題や副主題は、短い文で簡潔にするのが望ましいのですが、他方そうすることによって抽象度は上がります。そこで、必要となるのが目指す子供像と授業像です。「本校における子供と授業のとらえ」を明確にするのです。

たとえば、研究主題が「主体的な学び」であれば、「わが校の子供たちのどのような姿が見られたら主体的だといえるのか」「わが校の子供がどのように学んでいたら主体的だといえるのか」を明らかにする、「どのような授業であれば、主体的な子供の姿や学びが生まれるか」を明らかにするということです。こうしたことを教職員全員でディスカッションしながら言葉にまとめていくのです。

先生同士の対話によって言葉が合わさっていけば、各教科等ごとの特質も生かされるし、なにより「自分たちの研究なんだ」という意識が高まるでしょう。

3　研究テーマ設定の理由

研究テーマ設定の理由は、（次のように）いくつかの観点でまとめておくと、研究の必要性がより鮮明となります。

［教育の最新動向］

執拗に流行を追っかける必要もなければ、隣の学校が自分のところよりも遙かにうまくいっていても神経質になる必要はありません。ただ、そうはいっても、わが校の研究を推進するに当たって、最低限押さえておかなければならないこともあるはずです。
たとえば「社会に開かれた教育課程」とは、社会と共にある教育の推進を意味します。もしあなたの学校が、社会や教育界の動向から取り残されるようなことがあれば、子供への教育の質に好ましくない影響を及ぼすことでしょう。

[本校の特色]

学校の教育活動は、地域の実態を踏まえて特色を打ち出すことが求められています。校内研究においても同様で、これまでに蓄積された研究の財産があるはずです。テーマが変わるたびに、ゼロベースで研究をスタートするというのではもったいないと思います。新しさを求めながらも、本校の特色のもとに積み上げてきた研究成果の利活用を検討するスタンスをもつことがとても大切です。

[子供の実態]

「○○という子供の実態（課題）があるから、□□という教育活動が必要になる」これが、教育研究の基本姿勢です。ただし、「うちの学校の子供たちは、落ち着きがない」「考える力が足りない」「そもそも元気がない」などと、ないないづくしの課題ばかりあげつらったところで、（対症療法的な研究にはなり得ても）未来志向的な研究にはなり得ません。
「子供の実態」を設定する際、まず最初に考えるべきことは、目の前の子供たちのストロング・ポイントです。そのよさをどうやって伸ばしていけばよいか、こうした視点からの課題設定こそ望ましいといえるでしょう。「課題を改善しながら強み（よさ）を伸ばす」その延長線上に、子供たちにとって本当に必要な学習活動があるはずです。

［教師の課題意識］

全員参加の研究にするための登竜門です。本校の教師の課題意識がどこに向けられているのか、それいかんで研究の成否が決まるといっても過言ではありません。

研究がよりよき方向に向かうかは、外発的ではなく内発的な課題、他律的ではなく自律的な課題をいかに設定し、教職員間で意識化できるかにあります。そのためには、日常的に感じている一人一人の先生方の生の声を丁寧に聴き取りながら、あるいはお互いに出し合いながら、リアリティのある言葉にしていくとよいと思います。

教師の課題意識は、目指す子供像や目指す授業像と表裏の関係にあります。記述の仕方によっては重なる面もあるので調整が必要です。

4　研究内容

研究内容は幅広いものなので、「こうあるべし」とは言いにくい面があります。しかし、（先に述べたように）限られた期間での研究なので、あまり大きなことをねらわないほうがよいと思います。そのため、言葉の抽象度をできる限り下げる努力が必要です。

例を挙げると、［言語活動の充実］→［言語による表現場面の重視］→［言語による学習のまとめの指導の工夫」といった案配です。いずれにしても、「何をこそすべきか」「何を共通理解すべきか」みんなでよく話し合って決めることが大切です。

先の**資料9**のフォーマット例では、「研究内容」の箇所に三つの四角を描いています。これは、「全員が課題をつかめるようにする指導の工夫」「話合い活動を充実する手立て」「評価を充実する工夫（学習のまとめと振り返り）」など、単元中のどの学習場面でも設定できるようにするためです。

つまり、一つの研究授業ですべてを網羅する必要はないので、各教科等ごとに中心とする研究内容を定めればよいことにしておくわけです。このほうが全教科で取り組む場合などは取り組みやすいし、一人一人の教師のキャラクターを生かすこともできます。

一番大切なことは、研究のための研究にしないことです。（研究は多少なりとも無理をしないと進みませんが）できることなら無理なく全員が参加できるようにする。これが子供のための研究にする要諦です。

5　研究仮説

20年近く前、授業研究を行う際に「仮説」を立てる方法が一世を風靡したことがあります。現在も行っている学校はあると思いますが、以前ほどは多くないでしょう。

おそらく、「仮説」を立てるとそれにとらわれて、研究テーマや研究内容を無理矢理なぞる研究になっている感じがしたり、本当に検証可能なのかと疑問に感じたりしたことで、次第に形骸化していったのかもしれません。

実は、仮説を有効に機能させるためには、次の要件があります。

①実現可能な主題となっていること。
②実現した状況とは具体的にどのようなものかを教職員がイメージできていること。
③実際に取り組む副主題が、わが校で実際に実践可能であること。
④研究内容を絞り込むこと。

この四つの条件を満たさなければ、研究成果を検証することができません。

様式としては、次のとおりです。

仮説様式「**【研究内容】**などの手立てを工夫して、~**【副主題】**に取り組めば、~**【主題】**が実現するであろう」

研究仮説を立てない場合にも、右の様式に当てはめれば主題や副主題、研究内容の絞り込みや相互関連性が明確になるので、一度ロジックをつくってみるとよいでしょう。

6 研究のまとめ

研究の「まとめ」である以上、研究を構想する段階から書けたらおかしな話ですが、「どのような方法で」「どのような形に」まとめるかについては、あらかじめ想定しておくことをお勧めしています。ゴールを見据えた研究にするためです。

その際、以下の点について留意が必要です。それは、**「教育の成果」と「研究の成果」はイコールではない**ということです。

「子供たちが意欲的に学習するようになった」

「教師と子供のかかわりが増えてコミュニケーションが活発になった」

これらは、研究のまとめとしてよく書かれる一文です。一見すると、何も問題ないように見えます。しかし、これらは教育の成果であって、研究の成果ではありません。

教育の成果とは、研究を進めることによって副次的に生じた教育活動全体の成果を指します。研究の成果を表す表現としては、以下があります。

●~の手立て（研究内容）により、子供たち（反応）が○○○のように変わってきた（アンケート調査より）

●~（研究内容）に取り組むことで、教師にとって○○○○（指導）の重要性が明確になった（意識調査より）

「研究のまとめには、教育の成果を書いてはいけない」というわけではもちろんありません。しかし、取り違えて研究の成果が不明瞭にならないように配慮する必要があります。

また、仮説を立てて研究に臨んだのであれば、その正しさを検証するために「どのようなエビデンス（根拠となる材料）を見いだすことができたか」という視点も重要です。このとき、留意しておくべきことがあります。

それは、どんなに創意工夫を凝らした教育活動を展開したとしても、ありったけの情熱を傾けて子供たちを指導したとしても、その成果がすぐに教師の目に見えるようになるわけではないということです。まず子供たちの内面に変化が生まれ、その後ある段階までできて、ようやく（目に見える）具体の行動に現れはじめます。

そのような意味で、子供たちの変容は、いわばワインの熟成のようなものです。熟成そのものは目に見えるものではありません。職人（教師）は美味しくなるのを信じて手間暇をかけます。そのようにして、子供たちの学びは少しずつ芳醇になります。

いつ具体的な変容が現れるかだって子供によって時間差があるし、熟成の度合いやどのような熟成になるのかも個人差があります。「結果」（子供の変容）を生み出した「原因」（教師による適切な指導）といったように、教育における研究の成果は、単純な因果論で語ることはできないのです。ですから、「〜【主題】が養われた」などと大上段にまとめようとしないほうがよいと思います。そうではなく、子供たちの小さな変化を探すのです。

たとえば、子供たちへのアンケート調査です。6月と12月に行えば、わずかでも変容の兆しを見いだすことができます。また、「こんなことを書くようになった」「こんなことに目を向けるようになった」といった、ノートやワークシートなどへの記述にも注意を払います。子供の記述内容から彼らの変容の萌芽を探すのです。**いつだって教育研究の成果は、子供のなかにしか存在しない**のですから。

加えて、教師自身の意識調査も効果的です。「どのような指導が効果的だと感じたか」「どのような手立てがむずかしかったのか（子供に届きにくかったのか）」「子供たちの変化をどのようにとらえているか」といった視点から教師の意識を調査します。

調査によって、研究の成果を裏づける根拠のひとつとなるし、研究の課題点、来年度に取り組むべき事項が明らかになります。こうした試みも、子供たちへのアンケート調査（6月と12月）と並行して実施し、教師の側の意識の変容を見るのもよいでしょう。

教育研究を行えばすぐに子供が変容するものではないし、仮説の検証にも時間がかかります。教育研究は遠大なものですが、私はその意義を結果よりも過程に見いだしたいと思います。

すなわち、研究テーマの実現を目指し、チームとして取り組んだプロセスです。このプロセスは、子供の学習プロセスの質の改善、子供の思考のプロセスの価値づけと同一線上にあります。

「研究がなかなか前に進まないなぁ。いまのやり方で本当にいいのだろうか…」

これは、校内研究に熱心に取り組んでいる先生方に共通するぼやきです。でも、それでいいのです。

実は、そんなふうに悩んでいるうちに、「あるとき、ふと周囲を見回してみたら、いつの間にか子供たちが育っている」、「『あれっ』と思って自身を振り返ったら、自分の指導力も高まっていた」これが教育研究の真実です。

悩みに悩んで試行錯誤を続けてさえいれば、子供の学びにとっても、教師の学びにとっても、共に嬉しい瞬間が訪れます。悩ましいのは、その瞬間が研究をまとめる時期に到来するとは限らない、といったところでしょうか。

研究をまとめ、成果発表を終えた夜、「結局、いい成果を挙げられなかったなぁ」と肩を落としたその2か月後、地表からひょっこり成果の芽が出ている……教育の世界では、こんなことが日常茶飯事なのですから。

1年を通じた校内研究の進め方

（先ほども述べましたが）校内研究の実践サイクルは、およそ半年です。この半年をいかにして充実させるか。それにはまず1年間の見通しが必要です。たとえば、**資料10**のように考えてみます。

資料 10

4月	A	研究構想（作成あるいは見直し） 研究計画（組織編成）
5月		
6月		研究授業①
7月		研究授業②
8月	B	研究の中間まとめ 修正・改善
9月		研究授業③
10月		研究授業④
11月		研究授業⑤
12月		研究授業⑥
1月	C	研究のまとめ（話合い、文章化）、 次年度に
2月		
3月		研究成果の発信

このスケジュールでは、研究授業は6回できることになります。小学校では各学年1回の計算です。もちろん、学校行事や国が行う学力調査などとの関連で、予定どおりにはいかないことも考えられるので、学年単位ではなく教科単位で授業者の所属組織を構成してもよいでしょう。

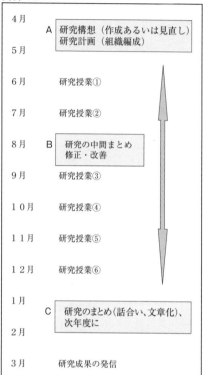

いずれにしても、最低限「どこが（学年・教科等）」「何回」「いつ」研究授業を実施するのかを最初の段階で決めておくことが重要です。

教育現場では、後から後から湧き水のように予定が入ってくるので、実施時期の決定を後回しにすると、研究が回らなくなります。

また、最初の段階で決定しておくことは、普段授業を見せたがらない先生方に覚悟をもってもらうという意図もあります。校内研究は、常に「実践研究」であるべきなので、先生方にはスタート段階で「研究授業の予定は優先順位の一番なんだ」ということを確認するわけです。

そのような意味で、4月・5月に行う組織編成が重要です。6回の授業を通して全員がかかわれるようにするために、どのような研究組織とするのがよいのかを考えることが大切だからです。

また、研究授業を行う先生方の順番も重要です。

「研究に弾みをつけるために、元気のよい若手の先生に切り込み隊長になってもらおう」といった考え方もあるでしょう。しかし、あえて私見を述べさせてもらえば、研究主任が自ら先陣を切るのがよいのではないかと思います。

そもそも研究主任は、（学校教育法施行規則第44条で定めているように）教務主任や学年主任とは違って、必ず置かなければならないものではありません。（実際は研究主任がいない小・中学校など想定しにくいのですが）校長の判断で与えられる（分掌される）任意の「役割」（クラスになぞらえれば係活動のようなもの）です。つまり、（学校教育法第37条で定められている）校長や主幹教諭といった（法的な任命行為を伴う）「職」ではないということです。

このことからわかることは、研究主任は事細かな法的縛りを受けないので、（極論すれば）研究にかかわることで、かつ常識の範囲内であれば、何をやってもいい人ということになります。こうした自由度があるのです。そのため、学校によって研究主任の位置づけはずいぶん異なるように思います。

一般的には、研究主任というと、「研究の実績がある」「授業がうまい」というイメージをもつ方は多いのではないでしょうか。しかし、自分の学校の研究主任の顔を思い浮かべれば、必ずしもそうではないことに思い至るでしょう。

もちろん、なかには「研究に堪能な教師で、授業もうまい」研究主任もいます。しかし、（隣の芝が青く見えることもあるかもしれませんが）それはほんの一部だと考えたほうがいいと思います。実際はむしろ、研究を通じて研究主任としての力量を培っていく先生のほうが多いのです。

だからこそ、研究授業のトップバッターは研究主任がよいと思うのです。授業力のいかんにかかわらず、研究主任が責任をもって授業のモデルを示す（示そうと努力する）のです。

たとえうまくいかなくたって、ちっともかまいません。むしろ周囲の先生にしてみれば、授業のハードルが下がって、かえってほっとすると思います。研究授業というと、「普段とは違う特別なもので、上手にこなさなければいけない」と思い込んでいる先生は少なくないのですから。

また、若手の先生方にとっては、「自分だってがんばり続ければ、いつか同じ程度の授業ができるはずだ」と、リアリティのある「授業モデル」になるはずです。

経験に勝るものはありません。うまくいってもいかなくても、授業後には謙虚に自省する姿を見せればよいのです。いわばリーダー自らが後ろ姿で研究姿勢を示すのです。

さて、ここでもう一度**資料10**のスケジュールに話を戻します。

4月、5月（A）や1月、2月（C）は、全教員参加の会議を入れるようにします。その際、子供の実態調査や意識調査、教員の意識調査などをAとBで2回行い、比較するようにすると、研究成果をまとめやすくなります。

また、8月（B）には、研究構想などの見直しや修正を行うとよいでしょう。この時期は、「研究理論と実践があまり合っていない」「理論がむずかしくて共通理解が図れていない」など、1学期の取組を振り返って課題点を見いだし、修正・改善するチャンスです。

あるいは、研究授業①②を細かく分析して、指導計画や指導案のフォーマットを統一し直したり、研究授業の③~⑥の検討を丁寧に行ったりする時期としてもよいと思います。いずれにしても、最低限この程度の年間の見通しをもっておきたいものです。

校内研究の活性化に資する参考配付資料

本書の最後に、座談会に参画者の先生方より提供してもらった貴重な資料を紹介します。

1　授業改善の方向を共通理解するための資料

☆どのような要素が重要かを確認します。絞り込むことが大切です(資料11)。

☆どんな授業づくり(授業展開)を心がけるのか、共通理解が大切です(資料12)。

2　全員で研究に臨む意識を高めるための資料

☆全教員に参加する心構え、参加している実感をもてるようにすることが大切です(資料13)。

☆研究授業ごとに役割分担やグループ編成を明示すると、全員でやっている感が出ます(資料14)。

3　研究協議の進め方を共通理解するための資料

☆研究協議会の意義や流れを見える化しておくとよいです（資料15）。
☆協議の方策を共通理解して進めることも大切です（資料16）。

4　研究会（研究授業）ごとに一歩ずつ進む全員参加の意識を高める資料

☆自分の授業を振り返ってまとめる方法は参加意識を高めます（資料17）。
☆授業の振り返りを写真などを入れてビジュアルにまとめておくと、年度末の研究のまとめが楽になります（資料18）。

資料11　各教科の「楽しい」授業の創造に向けた取組

各教科の「楽しい」授業の創造に向けた取組

めあて・見通しが分かる授業

毎回の授業では、教師は、何をするのか、何ができれば良いかというめあてだけでなく、どのように進めていくかという「今日の授業の流れ・見通し」までを児童に示したり、一緒に考えたりすることを心掛けた。

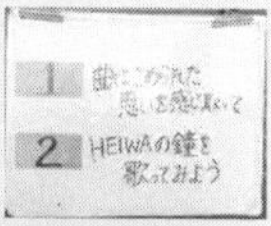

4年 / 音楽「せんりつの重なりを感じ取ろう」→
1時間の授業の見通しを明確に示す。

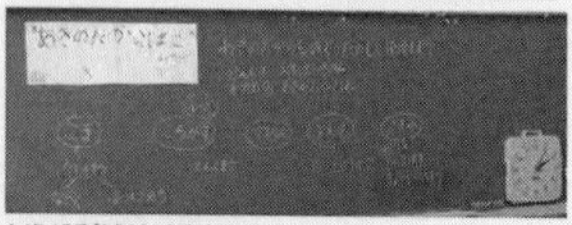

↑ 1年 / 生活「あきのたからばこ」 めあてとともに、何をしてどのように遊ぶか考える。

まとめ・振り返りの充実

教師は、「まとめ」を確実に行い、今日の自分の学びを振り返る時間を取った。振り返ることで、児童は1時間の学習をじっくりと捉え直し、自分にとっての意味を感じることができると考えた。

6年 / 総合的な学習の時間
「命を守ろう防災大作戦」→
授業の最後に、1時間の学習を振り返って、自分にとっての意味を感じながらじっくりと学びを捉え直す。

↓4年 算数「わり算の筆算」
めあてに対応したまとめを、児童の言葉を基に明確に板書する。

思考ツールの活用

考えを可視化し、操作化できるようにすることで、協働的な授業をつくり出すことができると考えている。どのような思考を発揮することが学びを深めることになるのか、そのためにはどの思考ツールが適切か考えた上で、各教科で活用した。

3年 / 国語
「表現を工夫して詩を書こう」→
詩をつくるために、感じたことや

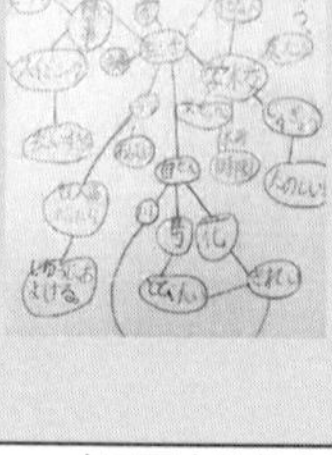

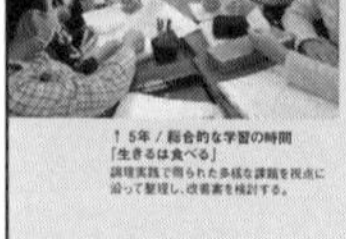

↑ 5年 / 総合的な学習の時間
「生きるは食べる」
調理実践で得られた多様な課題を視点に沿って整理し、改善案を検討する。

家庭学習・自由研究の充実

学校から出された宿題や、自主学習という名目でやりたいことをやっている宿題では十分ではないと考えた。そこで、高学年を中心に、「自分に必要な学習を自分で選んで取り組む」自主学習に取り組んだ。また、夏休み前には自由研究について、「問いの立て方」「やりたいことの見付け方」を各学年の実態に合わせて事前指導をした。

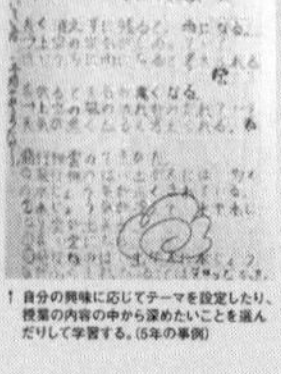

↑ 自分の興味に応じてテーマを設定したり、授業の内容の中から深めたいことを選んだりして学習する。(5年の事例)

↑ 自由研究前に研究計画書の作成指導（1・2年の事例）

6

大田区立松仙小学校「『楽しい』学校の創造」リーフレットより

資料 12 「生活・総合」授業づくりガイドライン（H 30 版）

大田区立松仙小学校

生・総 **授業づくりガイドライン（H30版）**

めあて・見通し（約5～10分間）

前時までの活動を振り返る
前時までの活動が、本時の活動と直結する場合には必要である。これを行うことで、本時の活動のめあてや見通しが明確になることもある。

本時の活動のめあてを確認する
学習のねらい＝何を学ぶかということ。前時の終わりに児童と立てておくのが基本。活動目標になる場合と達成目標になる場合の両方がある。

本時の活動の見通しを立てる
学習のなりゆき＝どのように学ぶかということ。単なる流れではなく、解決の見通し、自己関与の見通し、可能性の見通しなどを問うようにする。

三個の活動から、本時のねらいなどに合わせて選択し、順序や発問を考えておく。

↓

中心的な活動（約25～35分間）

個人で活動する
一人一人の思いや願いの実現がもっとも可能となる方法。教師は、事前の予想に基づく環境構成、個別の指導・支援が求められる。友達などとの関わりとともに、個人が学習対象と向き合って黙々と取り組むことも大切にしたい。

少人数で活動する
一人の児童の意見で活動が進むことのないように、話し合い方や付箋の出し方、まとめ方などを、全教科などを通じて指導する必要がある。教師は、指導と評価を行いながら、全体での活動に向けて、構想や作戦を立てる。

全体で活動する
グループごとの発表・報告は、原則として実施しない。個人やグループの活動で考えたことなどを、一人一人が自分の言葉で発言する。教師の役割は、児童の発言に問い返したり、構造的な板書をしたりすることである。

本時の目標を踏まえて、三個の活動から一～二個を選択する。付箋や考えるための技法を活用するときには、その適切性などを十分に吟味する。

↓

まとめ・振り返り（約5～10分間）

本時の活動のまとめをする
めあてに対応するもの。学習した内容や方法、進捗状況などの整理や確認を意味している。ここまでを見通した板書計画が求められる。

次時のめあてや見通しを立てる
次時では何をしたい（すべき）かを決める。その上で、可能な範囲で、どのようにするのかを考える。次時のめあて・見通しにつながってくる。

本時の活動を振り返る
見通しに対応するもの。自分の学習の省察、捉え直し、味わい直し。基本は、文章を書くことによって行う。振り返りの視点を示すことも有効。

三個の活動全てを左から順に行うことが望ましい。それぞれの活動の学習形態は、本時のねらいなどを踏まえて考える。

※例示した活動は、順不同。パターン化しないように注意する。

大田区立松仙小学校

資料13　区研究奨励校　教員アンケート「『主体的・対話的で深い学び』による授業改善」について

質問内容

① 自分の授業づくりにどのような変化がありましたか？

② 子供たちにはどのような変化がありましたか？

③ どのようなところが難しかったですか？

④ 取り組んでみて良かった点はどのようなことですか？

⑤ その他、今年度の「『主体的・対話的で深い学び』による授業改善」を構内研究で行ったことに関する感想等を自由にご記入ください。

国語

	①	②	③	④	⑤
A先生	子ども・生徒が考え、発言する授業を以前よりも意識して進めるようになった。	発表する場面でさらに意欲的に行うようになった。	単元によって、どう展開していったらよいか悩むところがあった。	授業が活性化した。	今後の学習指導要領に関する取り組みができて、意識と方向性が見えてきたのがよかった。
B先生	授業の目標から逆算し、その授業で身に付けるべき能力を養うために必要な発問を投げかけるよう意識するようになった。	まだ大きな変化は見えないので、継続的にこちらからアプローチします。	発問の内容によって、授業でおさえるべき点が確実か否か決まるので、授業前に検討するのが難しかった。	今は子どもたちへの変化を確認している段階だが、この取組を長期的かつ継続的に行っていけば、生徒が身に付けるべき能力の手だてとして役立つような気がする。	主体的・対話的の定義を確認した上で、それらが深まるような取組を授業に確実に取り入れるようになった。このような授業改善を試みたことで自身のスキルアップにつながっただけではなく、生徒が身に付けるべき能力の手だてとして役立っているように感じる。
C先生	対話を意識するようになった。	積極的になった。	生徒がしっかり目標に向かっているか、勉強、学習が身についているかはわからない。		さらに授業改善につながったと思う。

社会

	①	②	③	④	⑤
D先生	1時間で完結する課題解決型にしました。発問を工夫しました。	楽しそうに授業に取り組むようになった。勉強の苦手な生徒が発言できるようになった。小テストへの意識もあがった。	知識をたくさん習得しなければいけない時に課題解決型の授業を行うこと。	子どもたちが楽しそうに授業に参加すること。	みんなで授業を見合って学び合える雰囲気を少しずつつくっていきたい。
E先生	キーポイントになる発問について、意識するようになった。主体的・対話的な学びを意識した授業を単元の中でどの授業で展開できるか授業改善を模索した。	想像力を働かせながら、意欲的に参加していた。	時間配分、時間配当。歴史は見開き1ページに押さえるべき学習内容がかなり詰まっているので、時間がかかり、授業進度が遅れる傾向にある。	単元構成や授業のポイントを再考する機会となった。	教員がそれぞれ自身の授業を振り返り、ポイントを整理する機会となった。思考の場面が多く、生徒の力で学びを創り上げている。

中央区立晴海中学校

資料14　第5、6回　研究授業

研究主題
「自分の力を役立てようとする子どもの育成」
～「学び合い」と「振り返り」の充実～

1　研究授業の協議会　仕事分担

2　6月20日（水）の授業　第5回研究授業（3年）・第6回研究授業（4年）

授業者：3年1組　○○○○先生　　授業者：4年2組　○○○○先生
単元名：「わたしたちの世田谷区」　　単元名：「ごみのゆくえ」
講師：○○○○先生
※4年生の授業は、6年2組の教室で行います。

◇研究会の時程
1：30～2：15　研究授業
2：20～2：35　グループ毎の協議

★授業の視点
◎分科会の手だての有効性
※「学び合う手だて」は有効だったか。
※「振り返りの手だて」は有効だったか。
※研究主題とのつながりはどうだったか。

（1）はじめの言葉……学校長
（2）研究協議
　○学年提案
　○授業者自評
　○協議
（3）指導・講評　○○○○先生
（4）おわりの言葉……副校長

2：40～　研究協議会

◇仕事分担
授業　授業記録、対象児、授業写真、ビデオ：中学年分科会
研究協議会　会場（3年1組―机・椅子・板書）、司会、記録：高学年分科会

○協議会グループ
＊多くの方に発言をしていただけるよう、経験年数（研推で判断しました）と教科の専門でグループをつくりました。次のグループで協議をし、全体で発表をしてください。

A	★A先生　B先生　C先生　D先生
B	★E先生　F先生　G先生　H先生　I先生　J先生　K先生
C	★L先生　M先生　N先生　O先生　P先生
D	★Q先生　R先生　S先生　T先生　U先生　V先生　W先生

※2学年同時の授業になります。各グループ内で、半分に分かれて見る教室を決めてください。協議会の際に、それぞれの授業の様子を伝えながら協議を進めてください。

世田谷区立経堂小学校

資料15　学校の校内研究の流れ「私たちはこうやって磨き合ってきた」

松仙小学校の校内研究の流れ

私たちはこうやって磨き合ってきた

学びの共有　内容・方法の改善

13:20-14:05

話題提供授業

本校では研究授業のことを話題提供授業と呼んでいる。年度当初は、研究主任・副主任が提案授業としてモデルを提示した。授業者の力量向上はもちろんのこと、1時間の授業を基に学び合うことを大事にし、参加する教師全員の力量向上を目指しているからである。

参観者は、児童の輪の中に入ったり隣まで近付いたりして、内側から授業を見るように努めている。また、児童の発言や様子、教師の関わりなどをしっかりと記録し、具体的な児童の名前を挙げて話ができるようにしている。

14:05-14:40

付箋記入・グループ協議

授業が終わると、協議会会場に移動し、３つの視点（Ｐ５参照）に沿って、生活・総合的な学習の時間の「楽しい」授業が実現されているかを、具体的な授業の事実や児童の姿を基に記入する。

グループ協議では、成果と課題のスケールチャート（右下写真）にそれぞれが書いた付箋を出し合い、ＫＪ法的な手法を用いて似ている内容でまとめるなどし、マジックペンで囲ったりキーワードを書いたりすることを通して、今日の授業の成果と課題を明らかにしている。

10

大田区立松仙小学校「『楽しい』学校の創造」リーフレットより

資料16　協議会で用いる付箋と模造紙

協議会で用いる付箋と模造紙

付箋のサイズは7.5×5㎝がよい

① 付箋は３色用意する。 青 ・ ピンク ・ 黄

青と黄・・・青は，**効果的・有効**と感じた点　黄は，**そのことに対する事実**

ピンクと黄・・・ピンクは，**課題**に感じた点　黄は，**そのことに対する事実**

② 付箋は，重ねて使う。 青と黄（＝効果的・有効），　ピンクと黄（＝課題）

<記入例>

青

教師は，黒板に資料を貼るだけでなく，各自のノートにも貼らせた。

青の付箋には，観察者が感じたことを１つメモする。**記入する項目は必ず１つ！**

黄

○●さんは，じっくりと資料を見ながら，コメントを付し，意欲的に発言できた。

黄の付箋には，青のように考えた**根拠となる子ども・教師の事実**を記録する。こちらも１つにする。

ペン書きがよい

青に黄を重ね模造紙に貼る。

③ 模造紙は，付箋を貼るだけでなく，ディスカッションのフィールド！

横軸には学習過程を記入しておく

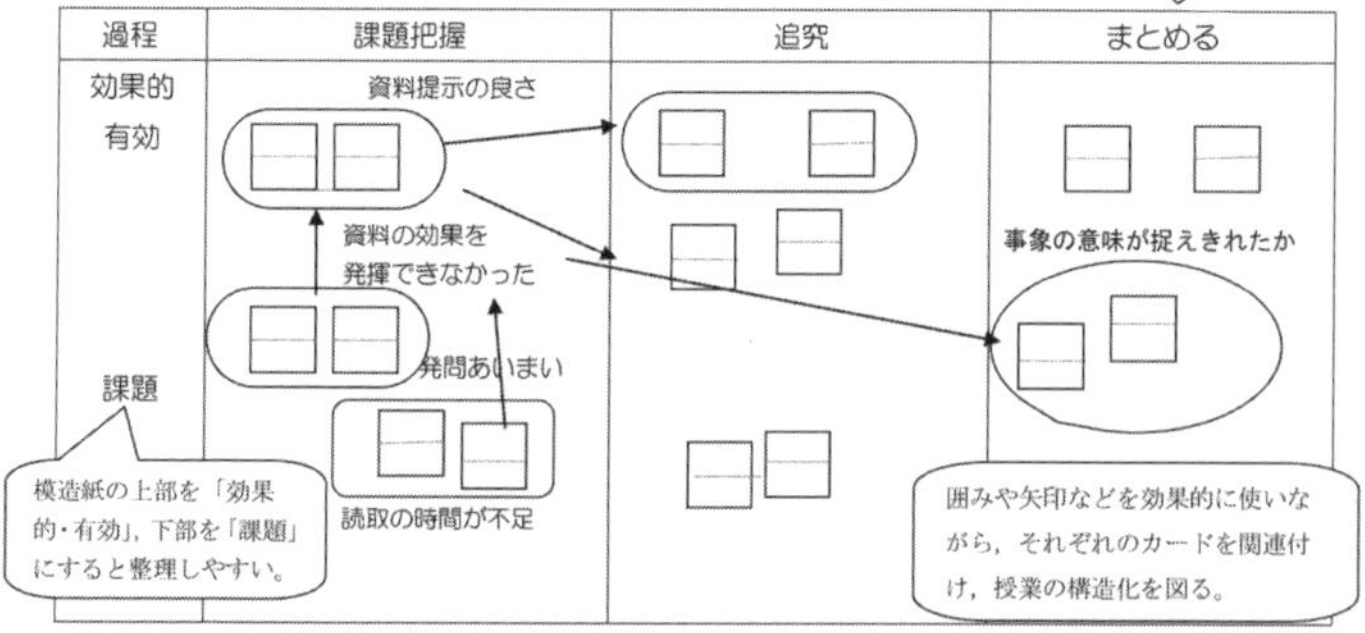

グループディスカッション（授業の構造化を図る）→全体ディスカッション

・貼った付箋を，「仲間わけ」「関連付け（線で結ぶ，囲む，関係性を相互矢印で示すなど）」しながら，ディスカッションする。**作業しながら，具体例をもとに話し合う**ことが重要。

・授業には「流れ」が生まれる。課題把握の段階で「よかった（課題だった）」ことは，その後の「追究」「まとめる」にどのように影響をしているか，また，まとめで「よかった」ことは，課題把握や追究段階の**どこに要因があったのかなどを考察**していく。

新宿区立鶴巻小学校（中田正弘・帝京大学大学院教授が作成した資料を転載）

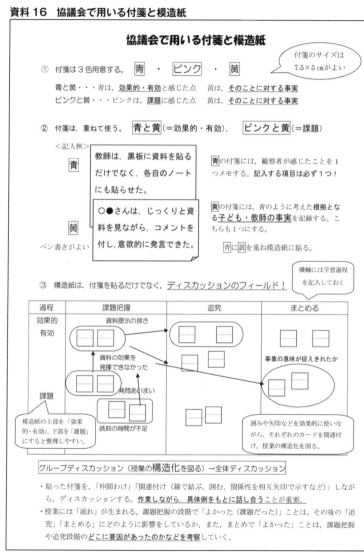

資料17　校内研通信　研究主題「自分の力を役立てようとする子どもの育成」

【4年社会科「ごみのゆくえ」】授業者　4年2組　○○○○先生

1、授業の概要

・本時のめあて

「45年前と現在の東京の公園や路上を比べ、ごみの様子について話し合う活動を通して、ごみの収集や処理について関心を高め、学習問題をつくることができる。」

・「学び合い」の充実の手だて

公園や路上からごみがなくなった理由を予想し、小グループで話し合わせる。そして、班での考えとして短冊にまとめさせ、全体で共有する場を設定した。

・「振り返り」の充実の手だて

学習後に、次時の学習計画を立てる際に生かせるように、学習問題を解決するために調べたいことを考えさせ、発表する場を設けた。

2、研究協議

○「学び合い」について

・話し合う課題については、児童の思考に沿っていてたくさんの意見が出せていた。

・個人の考えを書かせてからの話合いだったが、書くよりも、どんどん口頭で意見を言わせたり、聞かせたりすることに重点を置き、班の意見をまとめさせる時間を十分に与えてもよかったのではないか。

○「振り返り」について

・短冊をもとに振り返らせてもよかったのではないか。どこまで深めるつもりだったのだろうか。

・最後の振り返りよりも、授業の始まりの前単元の振り返りが、授業において効果があった。前単元の「安全なくらしを守る」では、警察や消防署だけでなく他の機関や地域の人など多くの人が連携、協力しているということを本単元でも予想するときに生かしていた。中学年は既習事項を生かすことを重点にしてもよいのではないか。

3、指導・講評　○○○○先生

○「学び合い」について

・公衆衛生の向上について新学習指導要領に入れたのは、授業で少し触れるイメージである。本時では、「45年の間に何があったんだろう」になってしまった。ごみの回収や処理の仕方を学ぶ単元なのに、少し歴史要素が強く、本来のめあてと少しずれてしまった。もし、ブラックボックスやずれから問いを作るのであれば、もう少し短いスパンのビフォーアフターの方がよい。例えば、ごみ集積所の収集前と収集後を写真で示し、ごみの行方を追っていく問いにするとか。

・学習問題づくりはおもしろかった。子どもたちにいろいろ言わせて、「それでいこうか」と子ども主体になっていた。欲を言うと、子どもたちが出してきた短冊をもっとうまく学習問題に繋げて欲しかった。例えば、3Rは誰が始めたのかな、ごみがごみでなくなったということかな、どう処理しているのだろうかと問うなどすると、「誰が」「どのように」などの意識が生まれたのではないか。

○「振り返り」について

・「振り返り」では、学習問題を解決するために調べたいことを考えさせない方がよかった。せっかく子どもたちの考えを集約し学習問題を作ったのに、また考えが拡散して行くからである。

世田谷区立経堂小学校

資料 18　社会科分科会 10 月提案授業第４学年「自然災害から人々を守る活動」

社会科分科会　１０月提案授業　第４学年「自然災害から人々を守る活動」

ねらい　新宿区の取り組みについて調べる活動を通して、地震災害から安全なくらしを守るために、新宿区が様々な取り組みをしていることを理解する。

学習活動	主題に迫るための手だて

導入

（1）自信をもつ

○板書をパターン化する。

○学習のポイントとなるキーワードをカードにして残し、可視化する。

○既習事項が確認でき、これまでの資料や既習を活用できるよう、ポイントとなる資料を提示する。

展開

（2）認め合う

○毎時の調べる活動を、学習問題について各自が予想したカードを基に計画し、進めていく。

○問いを明確にして調べ、切実感をもって話合い活動ができるよう場の設定をする。小グループで意見の交流をした後、学級全体で共有する。多様な考えを出すことにより、認め合い、さらに自分の考えを深めさせる。

まとめ

（3）主体的に学ぶ

○単元の導入で、自分たちで調べて作った資料を基に考える活動を通して、切実感をもって単元に向かわせる。

○毎時の問いを明確にし、シンプルに調べる計画を立てる。その流れが見えるよう学習計画は教室内に常掲する。

○毎時の最後には振り返りとして学習感想を書かせる。

成果と課題

・板書等をパターン化することで一人一人の学びが保証され、自信をもって学ぶことができた。
・シンプルに単元をデザインし、学習問題や毎時の問いを計画することにより、主体的に学ぶことができた。
・話し合いをさらに活発にし、より認め合えるようにするために、見学する視点をより明確にする必要がある。

新宿区立鶴巻小学校

おわりに

平成の終わりに、長く務めた行政の仕事を終えて、私も教師に戻ることができました。そこで、書いてみたかったのが「教師の学び方」です。率直に言うと、本書の内容は自分への戒めでもあります。

本書では、教師は学び続ける存在などと簡単に言っていますが、実は大変です。現在の諸々の課題に対応しながらも、未来（変化）への備えも必要になる。それでも、日本の教育を支えている。

さらに言えば、日本のさまざまな面での成長を支えているのは日本の教師たちです。働き方改革をはじめとして、さまざまな社会的な要請の荒波にさらされながらも、公務員としての使命を全うすべく、がんばっているのも日本の教師たちです。

もちろん、長時間の労働環境の改善は必要です。このことは、さまざまな方策や予算を駆使して実現させなければならないと思います。しかし、（だからといって）機械的に無吟味に「帰れ、帰れ」と勤務時間を削減すればよいわけでもないでしょう。

経験年数や分掌上の役割など、さまざまな要素が勤務時間には影響します。特に、若手の先生は、熱量で仕事をこなしていかないと子供がついてこないという現状もあります。はじめから「質で勝負」などと言っても、逆に酷なのです。こうした実情があるところこそ、社会全体に周知していくべきだと思います。

その一方で、日本の教師たちから見えるのは、過酷さだけではありません。たくさんの学校を回っていると、教師という仕事のおもしろさ、楽しさ、充実感を感じている表情もよく見えるのです。現場のことをよく知りもしないのに、訳知り顔で学校の過酷さばかり語っている方がいるのだとしたら、日本の教師に失礼です。

「とても大変ではあるが、やりがいを感じてやっている」

これが、日本の教師たちの本音ではないでしょうか。

社会全体で、こうした日本の教師たちの努力を理解し、その存在に頼もしさや誇りを感じることこそ、彼ら（彼女ら）の努力に報いることではないかとすら思います。

本書は、（こうした教師たちの日々の努力を理解するという前提に立ったうえで）「授業」や「研究」というフィールドで、「孤立しないよう」「迷わないよう」「自信をなくさないよう」「時間を有効に使えるよう」などと応援するつもりで書いたものです。

「たくさんの注文をつけておいて何を」と思われる方もいらっしゃるかもしれません。そこは自分に合ったところを「つまみ食い」で読んでいただければと思います。本文にも書きましたが、先生方は十人十色、自分に合う課題や改善策となる場合もあれば、ならない場合もあるでしょう。教師の学び方は、（私も含めて）さまざまであるはずですから。
最後になりますが、本書の編集に当たっては、東洋館出版社の編集部の皆様、とりわけ高木聡氏には多大なるご支援、ご助言をいただきました。この場をお借りして深くお礼申し上げます。

２０１０年３月吉日　澤井　陽介

澤井陽介（さわい・ようすけ）

国士舘大学教授／前・文部科学省視学官

《経歴》昭和35年・東京生まれ。社会人のスタートは民間企業。その後、昭和59年から東京都で小学校教諭、平成12年から都立多摩教育研究所、八王子市教育委員会で指導主事、町田市教育委員会で統括指導主事、教育政策担当副参事、文部科学省教科調査官、文部科学省視学官を経て、平成30年4月より現職。

《主な編著》単著『授業の見方』東洋館出版社、平成29年7月／『学級経営は「問い」が9割』東洋館出版社、平成28年3月／『澤井陽介の社会科の授業デザイン』東洋館出版社、平成27年3月／編著『子供の思考をアクティブにする社会科の授業展開』東洋館出版社、平成28年3月、ほか多数。

教師の学び方

2019（平成31）年3月15日　初版第1刷発行
2021（令和３）年3月22日　初版第5刷発行

著　者　澤井陽介
発行者　錦織圭之介
発行所　株式会社　東洋館出版社
〒113-0021　東京都文京区本駒込5-16-7
営業部　電話 03-3823-9206／FAX 03-3823-9208
編集部　電話 03-3823-9207／FAX 03-3823-9209
振替　00180-7-96823
URL　http://www.toyokan.co.jp
装　幀　中濱健治
印刷・製本　岩岡印刷株式会社

ISBN978-4-491-03671-7　Printed in Japan